Expatriação
de Executivos

Dados Internacionais de Catalogação na Publicação (CIP)
(Câmara Brasileira do Livro, SP, Brasil)

Nunes, Leni Hidalgo
  Expatriação de executivos / Leni Hidalgo Nunes,
Isabella F. Gouveia de Vasconcelos, Jacques
Jaussaud. – São Paulo: Cengage Learning, 2008. –
(Coleção debates em administração / coordenadores
Isabella F. Gouveia de Vasconcelos, Flávio Carvalho
de Vasconcelos, André Ofenhejm Mascarenhas)

  Bibliografia.
  ISBN 978-85-221-0610-3

  1. Administração 2. Executivos 3. Expatriação
I. Vasconcelos, Isabella F. Gouveia de. II. Jaussaud,
Jacques. III. Vasconcelos, Flávio Carvalho de. IV.
Mascarenhas, André Ofenhejm. V. Título. VI. Série.

07-8269   CDD-658.4

Índice para catálogo sistemático:

1. Expatriação de Executivos: Administração
   658.4

COLEÇÃO DEBATES EM ADMINISTRAÇÃO

Expatriação de Executivos

Leni Hidalgo Nunes
Isabella F. Gouveia de Vasconcelos
Jacques Jaussaud

Coordenadores da coleção
Isabella F. Gouveia de Vasconcelos
Flávio Carvalho de Vasconcelos
André Ofenhejm Mascarenhas

Austrália • Brasil • México • Cingapura • Reino Unido • Estados Unidos

Expatriação de Executivos

Leni Hidalgo Nunes
Isabella F. Gouveia de Vanconcelos
Jacques Jaussaud

Gerente Editorial: Patricia La Rosa

Editora de Desenvolvimento: Ligia Cosmo Cantarelli

Supervisor de Produção Editorial: Fábio Gonçalves

Supervisora de Produção Gráfica: Fabiana Alencar Albuquerque

Copidesque: Rose Marinho Prado

Revisão: Sueli Bossi

Composição: ERJ – Composição Editorial e Artes Gráficas Ltda.

Capa: Eliana Del Bianco Alves

Impresso no Brasil
Printed in Brazil

© 2008 de Cengage Learning Edições Ltda.

Todos os direitos reservados.
Nenhuma parte deste livro poderá ser reproduzida, sejam quais forem os meios empregados, sem a permissão, por escrito, da Editora. Aos infratores aplicam-se as sanções previstas nos artigos 102, 104, 106 e 107 da Lei nº 9.610, de 19 de fevereiro de 1998.

Esta editora empenhou-se em contatar os responsáveis pelos direitos autorais de todas as imagens e de outros materiais utilizados neste livro. Se porventura for constatada a omissão involuntária na identificação de algum deles, dispomo-nos a efetuar, futuramente, os possíveis acertos.

A editora não se responsabiliza pelo funcionamento dos links contidos neste livro que possam estar suspensos.

Para informações sobre nossos produtos, entre em contato pelo telefone
0800 11 19 39

Para permissão de uso de material desta obra, envie seu pedido para
direitosautorais@cengage.com

© 2008 Cengage Learning. Todos os direitos reservados.

ISBN-13: 978-85-221-0610-3
ISBN-10: 85-221-0610-X

Condomínio E-Business Park
Rua Werner Siemens,111
Prédio 11 – Torre A – Conjunto 12
Lapa de Baixo
CEP 05069-900
São Paulo – SP
Tel.: (11) 3665-9900
Fax: (11) 3665-9901
SAC: 0800 11 19 39

Para suas soluções de curso e aprendizado, visite
www.cengage.com.br

"Je ne me souviens pas, je reconnais."
"Eu não me recordo apenas, eu reconheço o valor."
Ehrard Friedberg, adaptação

dedicatória

Viver a experiência da expatriação é um momento ímpar, que nos leva a rever a relatividade de tudo em nossas vidas. Por isso dedico este livro aos que me permitiram essa experiência, aos que me apoiaram durante ela: familiares, amigos e colegas de desafios – "cá e lá", e aos expatriados que, de forma aberta, contribuíram com seus relatos de vida para nosso estudo exploratório.

Leni Hidalgo Nunes

Dedico este livro a Flávio, meu marido e companheiro de alegrias, desafios, lutas e realizações, bem como a Flávio Victor, a melhor realização entre todas.

Dedico este livro também, como reconhecimento à amizade, ajuda e apoio de algumas pessoas durante a minha estadia na França, entre 1993-1998, para a realização do Doutorado na HEC (École des Hautes Études Comerciales)/ França: ao Dr. Frédéric Lefrere, ao Prof. Georges X. Trépo, a Maurice Dubranna et Mme. Hugues, Giselle Efron, Marcelo G. Brida.

Isabella F. Freitas Gouveia de Vasconcelos

A Jan Schaaper et Bruno Amann, infatigables compagnons de recherche. (A Jan Schaaper e Bruno Amann, incansáveis companheiros de pesquisa.)

Jacques Jaussaud

apresentação

Debates em Administração

> E o fim de nosso caminho será voltarmos
> ao ponto de partida e percebermos o mundo
> à nossa volta como se fosse a primeira vez
> que o observássemos.
>
> T. S. Elliot (adaptação)

O conhecimento transforma. A partir da leitura, vamos em certa direção com curiosidade intelectual, buscando descobrir mais sobre dado assunto. Quando terminamos o nosso percurso, estamos diferentes. Pois, o que descobrimos em nosso caminho freqüentemente abre horizontes, destrói preconceitos, cria alternativas que antes não vislumbrávamos. As pessoas à nossa volta permanecem as mesmas, mas a nossa percepção pode se modificar a partir da descoberta de novas perspectivas.

O objetivo desta coleção de caráter acadêmico é introduzir o leitor a um tema específico da área de administração, fornecendo desde as primeiras indicações para a compreensão do assunto até as fontes de pesquisa para aprofundamento.

Assim, à medida que for lendo, o leitor entrará em contato com os primeiros conceitos sobre dado tema, tendo em vista diferentes abordagens teóricas, e, nos capítulos posteriores, brevemente, serão apresentadas as principais correntes sobre o tema – as mais importantes – e o leitor terá, no final de cada exemplar, acesso aos principais artigos sobre o assunto, com um breve comentário, e indicações bibliográficas para pesquisa, a fim de que possa continuar a sua descoberta intelectual.

Esta coleção denomina-se **Debates em Administração**, pois serão apresentadas sucintamente as principais abordagens referentes a cada tema, permitindo ao leitor escolher em qual se aprofundar. Ou seja, o leitor descobrirá quais são as direções de pesquisa mais importantes sobre determinado assunto, em que aspectos estas se diferenciam em suas proposições e logo qual caminho percorrer, dadas suas expectativas e interesses.

Debates em Administração deve-se ao fato de que os organizadores acreditam que do contraditório e do conhecimento de diferentes perspectivas nasce a possibilidade de escolha e o prazer da descoberta intelectual. A inovação em determinado assunto vem do fato de se ter acesso a perspectivas diversas. Portanto, a coleção visa suprir um espaço no mercado editorial relativo à pesquisa e à iniciação à pesquisa.

Observou-se que os alunos de graduação, na realização de seus projetos de fim de curso, sentem necessidade de bibliografia específica por tema de trabalho para adquirir uma primeira referência do assunto a ser pesquisado e indicações para aprofundamento. Alunos de iniciação científica, bem como executivos que voltam a estudar em cursos *lato sensu* – especialização – e que devem ao fim do curso entregar um trabalho, sentem a mesma dificuldade em mapear as principais correntes que tratam de um tema importante na área de administração e encontrar indicações de livros, artigos e trabalhos relevantes na área que possam servir de base para seu trabalho e aprofundamento de idéias. Essas mesmas razões são válidas para alunos de mestrado *stricto sensu*, seja acadêmico ou profissional.

A fim de atender a este público diverso, mas com uma necessidade comum – acesso a fontes de pesquisa confiáveis, por tema de pesquisa – surgiu a idéia desta coleção.

A idéia que embasa **Debates em Administração** é a de que não existe dicotomia teoria-prática em uma boa pesquisa. As teorias, em administração, são construídas a partir de estudos qualitativos, quantitativos e mistos que analisam e observam a prática de gestão nas organizações. As práticas de gestão, seja nos estudos estatísticos ou nos estudos qualitativos ou mistos – têm como base as teorias, que buscam compreender e explicar essas práticas. Por sua vez, a compreensão das teorias permite esclarecer a prática. A pesquisa também busca destruir preconceitos e "achismos".

Muitas vezes, as pesquisas mostram que nossas opiniões preliminares ou "achismos" baseados em experiência individual estavam errados. Assim, pesquisas consistentes, fundamentadas em sólida metodologia, possibilitam uma prática mais consciente, com base em informações relevantes.

Em pesquisa, outro fenômeno ocorre: a abertura de uma porta nos faz abrir outras portas – ou seja – a descoberta de um tema, com a riqueza que este revela, leva o pesquisador a desejar se aprofundar cada vez mais nos assuntos de seu interesse, em um aprofundamento contínuo e na consciência de que aprender é um processo, uma jornada, sem destino final.

Pragmaticamente, no entanto, o pesquisador, por mais que deseje aprofundamento no seu tema, deve saber em que momento parar e finalizar um trabalho ou um projeto, que constituem uma etapa de seu caminho de descobertas.

A coleção **Debates em Administração**, ao oferecer o "mapa da mina" em pesquisa sobre determinado assunto, direciona esforços e iniciativa e evita que o pesquisador iniciante perca tempo, pois, em cada livro, serão oferecidas e comentadas as principais fontes que permitirão aos pesquisadores, alunos de graduação, especialização, mestrado profissional ou acadêmico produzirem um conhecimento consistente no seu âmbito de interesse.

Os temas serão selecionados entre os mais relevantes da área de administração.

Finalmente, gostaríamos de ressaltar o ideal que inspira esta coleção: a difusão social do conhecimento acadêmico. Para tanto, acadêmicos reconhecidos em nosso meio e que mostraram excelência em certo campo do conhecimento serão convidados a difundir esse conhecimento para o grande público. Por isso, gostaríamos de ressaltar o preço acessível de cada livro, coerente com o nosso objetivo.

Desejamos ao leitor uma agradável leitura e que muitas descobertas frutíferas se realizem em seu percurso intelectual.

Isabella F. Gouveia de Vasconcelos
Flávio Carvalho de Vasconcelos
André Ofenhejm Mascarenhas

SUMÁRIO

Introdução XV

1. A Primeira Corrente: A Expatriação como Meio de Desenvolvimento das Competências do Executivo Global 1

2. A Corrente do "Poder": A Expatriação como Forma de Desenvolvimento da Capacidade de Ação Estratégica e Negociação dos Indivíduos 45

3. A Corrente da Cultura: A Adaptação Cultural como Determinante do Sucesso da Expatriação 55

4. A Corrente Psicodinâmica e a Expatriação 69

5. Diversas Correntes ou, na Experiência Concreta da Expatriação, uma Realidade Multifacetada, acima da Classificação "Acadêmica"? 97

Conclusão 113

Referências Bibliográficas 117

introdução

O tema da expatriação, objeto deste estudo, insere-se hoje dentro de um contexto de pesquisa que busca compreender os efeitos da globalização e da economia informacional (Castells, 1999; Freitas, 1999; Stiglitz, 2002). De fato, temas referentes à mobilidade social dos executivos, à gestão intercultural e à adaptação de executivos a culturas diferentes da sua voltam a ser objeto de pesquisa acadêmica, tendo em vista o contexto socioeconômico pós-industrial emergente, que influencia as formas de gestão, de discurso e as políticas organizacionais (De Masi, 1999; Echeveste et al., 1998; Freitas, 1999; Stiglitz, 2002). Em especial, destacam-se os estudos de Maria Ester de Freitas (1999)[1] sobre expatriação, os quais revelam que essa demanda por maior mobilidade gerencial desenha um novo perfil de executivo, o "executivo global".

Caligiuri e Di Santo (2001) definem expatriação como a transferência de um profissional de um país para outro, para exercer uma determinada função, durante um período predefinido e mediante um processo formal e legal. Esse processo é balizado

---

[1] A Profa. Maria Ester de Freitas, professora titular da FGV-EAESP, desenvolveu diversos estudos sobre expatriação e administração intercultural, tais como o projeto de estudo "Como vivem os executivos expatriados e suas famílias" e o estudo de executivos expatriados no Brasil – holandeses, norte-americanos, alemães e espanhóis, além de outros estudos e artigos nesta área.

por um contrato formal que define as condições específicas de transferência.

O tema expatriação se insere também em um contexto mais amplo ligado à gestão estratégica de pessoas ou gestão de pessoas por competências e à teoria dos recursos da firma (*Resource Based View*), que mostra para as empresas a importância de mapear e desenvolver continuamente suas competências essenciais para que obtenham sucesso em uma economia global. Para tanto, a atualização constante das competências do grupo organizacional passa a ser fundamental, gerando um efeito em cascata: a empresa define as suas competências centrais ("*core competences*"), como veremos a seguir, e, a partir disso, a gestão de pessoas passa a ter o papel de desenvolver as competências dos indivíduos responsáveis pelas competências centrais da organização continuamente, a fim de continuar garantindo o sucesso do negócio.

De acordo com essa teoria, a expatriação pode ser vista como uma estratégia ligada a um modelo de gestão de pessoas que visa desenvolver nos executivos e gerentes da organização competências próprias ao chamado executivo "global".

Assim a expatriação seria formadora de "agentes de mudança" ou indivíduos que iriam ao exterior, passariam por toda uma adaptação a uma nova cultura, a uma nova organização, a novos jogos de poder. Ao retornar aos seus países de origem, estes executivos assumiriam posições de comando porque, tendo uma vivência dentro da matriz da empresa, próximo ao "centro da tomada de decisões" e ao "centro do poder", eles ajudariam a transformar a realidade organizacional nos seus países de origem. Além disso, serviriam como elementos de ligação entre a matriz e a subsidiária, interpretando os elementos globais da estratégia para a realidade local. Esta, no entanto, é uma das correntes que concebe a expatriação como um instrumento ligado à política mais ampla de gestão de pessoas da empresa.

Existem outras correntes, como a culturalista, que concentrará o seu foco de atenção na análise dos processos de adaptação cultural do expatriado, pressupondo que o sucesso da expatriação estará ligado à adaptação que o expatriado e sua família tiverem aos valores, hábitos e modo de vida do país de destino, existindo também uma adaptação cultural na volta.

Há ainda duas outras correntes: a corrente do poder, que considera que a adaptação do expatriado à organização de destino, no que se refere aos jogos de poder e à elaboração de alianças estratégicas, passa a ser fundamental para o sucesso da expatriação. Esta corrente se embasa no conceito de ação estratégica dos indivíduos e capacidade de negociação.

A última corrente da qual trataremos, a corrente psicodinâmica, descreve e analisa fenômenos afetivos e aparentemente "irracionais", como reações defensivas, fenômenos de grupo etc., analisando-os e mostrando sua lógica subjacente.

Apresentaremos a seguir a primeira corrente, a expatriação vista como decorrente da estratégia da empresa e da gestão estratégica de pessoas. Esse modelo é baseado no modelo de gestão estratégica de pessoas (também conhecido como gestão de competências ou modelo político, explicado no próximo capítulo). Esse modelo está associado à teoria dos recursos da firma, em estratégia empresarial, e vê na expatriação uma forma de treinamento para formar "agentes de mudança" na empresa e também gerentes capazes de fazer a ligação entre as políticas dos *headquarters* e as filiais. Para apresentar esta corrente, faremos primeiro um breve histórico da teoria dos recursos da firma e, depois, do modelo estratégico de gestão de pessoas, e, aí, apresentaremos a expatriação como forma de treinamento e preparação de gerentes de alto nível para a organização.

capítulo 1

A Primeira Corrente: A Expatriação como Meio de Desenvolvimento das Competências do Executivo Global

A ESTRATÉGIA DA EMPRESA COMO FONTE DE DESENVOLVIMENTO DE VANTAGEM COMPETITIVA

Existem diferentes abordagens que buscam explicar como as empresas atingem vantagem competitiva (entenda-se vantagem competitiva como a obtenção de resultados consistentemente superiores aos da concorrência). Dentre essas, destacam-se duas visões:

- a que entende a vantagem competitiva como um **atributo** de posicionamento **exterior** à organização, vinculada à estrutura do mercado e à natureza da competição em diferentes indústrias. Entre os principais defensores dessa corrente, encontra-se Porter (1991) e seu modelo de estratégia competitiva baseada nas forças que dirigem a concorrência na Indústria;

- a que relaciona a vantagem competitiva aos **atributos internos** diferenciadores da firma. Nessa tendência, encontramos fundamentalmente duas correntes: a da *Resource Based View* e a das Capacidades Dinâmicas. Para ambas, a vantagem competitiva repousa para além das forças de mercado, vinculando-se à capacidade de a firma desenvolver recursos internos difíceis de serem imitados.

Teoria dos Recursos da Firma (*Resource Based View*)

A teoria dos recursos da firma (*Resource Based View* – RBV) é baseada no entendimento de que a fonte de vantagem competitiva está fundamentada nos recursos (físicos, financeiros e também intangíveis e invisíveis) e nas competências desenvolvidos pela firma, na qual os fatores de mercado têm peso apenas secundário (Barney, 1991).

Analisando essa tendência, Teece (2000) pontua que, para a RBV, o que uma firma pode fazer não é apenas função das oportunidades que ela encontra, mas depende também, e prioritariamente, do que ela pode controlar e desenvolver internamente.

Penrose (1959) argumenta que as organizações devem ser entendidas como estruturas administrativas, que unem e coordenam atividades individuais e grupais, e como uma coleção de recursos produtivos, que podem ser divididos em físicos e humanos.

Em se considerando as organizações contemporâneas como um aglomerado de recursos, a RBV abarca essa concepção de organização proposta por Penrose (1959), uma das primeiras a defender a firma como um conjunto de recursos, e não como uma função abstrata de transformação de insumos em produtos.

Seguindo nessa linha, Barney (1991) frisa que a vantagem competitiva de uma organização no presente pode deixar de sê-lo no futuro caso outros consigam copiá-la, a não ser que a organização desenvolva uma vantagem competitiva sustentável, a partir de características difíceis de serem praticadas pelos competidores. Para conquistar uma vantagem competitiva sustentável,

Barney (1991) argumenta que há quatro categorias de recursos fundamentais: capitais financeiro, físico, humano e organizacional. Esses recursos devem seguir alguns critérios:

- O critério do **valor** – os gestores deveriam verificar se os recursos da organização adicionam valor pela sua capacidade de explorar oportunidades e neutralizar ameaças.
- O da **raridade** – é relevante o fato de outras empresas possuírem ou não o recurso valioso.
- O da **"imitabilidade"** – ser difícil de copiar.
- O da **organização** – um ponto importante é avaliar se a empresa está organizada para explorar, em sua totalidade, o potencial competitivo de seus recursos ou não. Barney (1991) mostra que a cultura organizacional, a estrutura organizacional, e a política de gestão de pessoas podem ser recursos diferenciais da firma, se obedecerem a estes critérios (VRIO), e responsáveis pelo desenvolvimento de vantagem competitiva. Barney cita o caso da Southwest, empresa de transportes aéreos norte-americana que, no decorrer de sua história, em seu processo de adaptação ao ambiente e de integração interna, desenvolveu uma cultura organizacional forte, voltada para o trabalho em equipe, bem como formas únicas de gestão de pessoas, que privilegiavam a estabilidade no trabalho e o conceito de comunidade organizacional. Dadas as pressões de sua história e seu processo adaptativo, a Southwest desenvolveu características únicas e fez da sua política de gestão de pessoas algo difícil de ser imitado. O mesmo ocorreu em um dado momento com a 3M, que desenvolveu uma estrutura de gestão de pessoas e políticas únicas e favoráveis à inovação, obtendo assim vantagem competitiva temporária. Assim, formas de gestão de pessoas são, segundo os autores da

RBV, capacidades organizacionais fundamentais que, por serem diferenciais raros, que agregam valor, difíceis de imitar, permitem às empresas o desenvolvimento de vantagem competitiva ao menos temporária.

O trabalho desenvolvido pelos teóricos do *Resource Based View* associa-se com o desenvolvido por Prahalad e Hamel (1990) na medida em que estes últimos defendem que a competitividade da organização deve pautar-se no desenvolvimento de competências essenciais (*core competences*). Essas competências devem seguir os critérios de difícil "imitabilidade", oferecer reais benefícios aos clientes e prover acesso a diferentes mercados, estimulando um ambiente de aprendizado rápido que deve ser colocado em prática antes que os concorrentes o façam.

Como argumenta Teece (2000), no entanto, para ter vantagem competitiva sustentável não basta desenvolver uma política de gestão de pessoas que obedeça às características do modelo VRIO por um período de tempo apenas. As políticas organizacionais de gestão de pessoas e as competências do grupo organizacional devem ser continuamente aprimoradas para o desenvolvimento de vantagem competitiva sustentável. Essa percepção levou ao desenvolvimento de uma nova abordagem no tratamento da vantagem competitiva, a teoria das capacidades dinâmicas.

Teoria das Capacidades Dinâmicas

A *Resource Based View* evoluiu para um conceito que envolve "capacidades dinâmicas". Segundo Teece (2000), a teoria das "capacidades dinâmicas" apresenta-se como uma resposta à questão da competitividade em ambientes de alta complexidade e mudança, na qual o que diferencia a firma é a sua capacidade de acumular e combinar novos recursos em novas configurações, mais do que o seu estoque de recursos atuais. Essa capacidade depende da capacidade de aprendizagem da organização.

Pelo conceito de capacidade dinâmica é possível entender que não basta às organizações disporem de um acúmulo de recursos raros, difíceis de imitar para, assim, obterem vantagem competitiva temporária. É necessário que estas possuam uma capacidade de resposta no tempo, que gere inovações rápidas, associadas à capacidade gerencial de coordenar e realocar, de forma efetiva, as competências internas e externas da empresa.

Teoria das Capacidades Dinâmicas e o Processo de Aprendizagem

Aprendizagem coletiva – Nesse mesmo sentido, Crozier (1994) fala de uma nova lógica que domina as organizações, em que a capacidade de inovar e de se transformar torna-se mais decisiva que a capacidade de racionalizar que dominava os modelos anteriores. A lógica "consumo de massa–produção" perde seu domínio para a lógica "alta tecnologia–serviços", em que a qualidade do serviço é que fará a diferença. Essa qualidade não depende apenas de inovações tecnológicas, mas primordialmente da capacidade de mobilização dos diversos parceiros da organização.

Crozier e Friedberg (1977) fundamentam suas idéias no que chamam de um "novo" conceito de ação coletiva, segundo o qual a capacidade de mudança – que está no cerne do processo de aprendizagem – se dá em função da capacidade de as pessoas cooperarem de forma eficaz e de gerarem transformação. Segundo Crozier (1981), a mudança nas organizações é uma questão sociológica, pois são as pessoas que mudam, mas não passivamente e sim dentro da coletividade e como uma coletividade, e não individualmente. Para Crozier (1994), a criação do futuro, o desenvolvimento das organizações é antes de tudo baseado na transformação das pessoas que as compõem, o que se dá a partir da aprendizagem dessas pessoas. Ele entende essa aprendizagem não só como um processo que se dá pelos métodos formais, mas também como um processo de ensaio e erro.

Crozier (1994) entende que a aprendizagem implica uma mudança não só nas regras do jogo, mas na própria natureza do jogo dentro do tecido social que configura as organizações. Esse tecido social é composto de relações, interações e trocas organizadas, no qual a aprendizagem se dá de forma coletiva e se efetua no cotidiano das relações.

No entanto, Crozier e Friedberg (1977) reconhecem que a mudança – base da inovação – não é um processo natural. Na verdade, a mudança constitui-se um problema para as organizações, exatamente por seu caráter coletivo. Para esse autor, a aprendizagem só pode ser compreendida como um processo de criação coletiva, por meio do qual os membros de uma dada coletividade – mediante ensaio e erro – inventam e fixam novas formas de jogar o jogo social da cooperação e do conflito. Trata-se, pois, de um processo de aprendizagem que não pode ser individual, e é esse o ponto que leva à sua dificuldade. Cada um dos participantes desse "jogo" pode aprender rapidamente novas formas de jogo, mas o dificultador é a aprendizagem de grande parte dos atores organizacionais, essa sim fundamental ao processo de inovação de que depende a evolução das organizações preconizada pela teoria das capacidades dinâmicas. Essa aprendizagem de todos os atores implica a aquisição de novos modelos relacionais.

Aprendizagem e inovação – Reinventar as regras do jogo coletivo como base da aprendizagem organizacional vai além da simples mudança de comportamentos. Implica um questionamento mais profundo dos padrões cognitivos e técnicos vigentes, uma análise crítica de procedimentos organizacionais que permite a criação de um conjunto de referências.

Podemos associar essa capacidade de aprendizagem àquela definida por Argyris (1992) como a aprendizagem de circuito duplo (*double loop learning*).

Para Argyris (1992), a aprendizagem se dá quando erros são detectados e corrigidos, ou quando ocorre a coincidência entre a intenção das ações e suas conseqüências. Há para ele duas formas de correção de erros: uma baseada na simples mudança de comportamentos (*single looping learning*) e outra baseada na mudança por ele denominada "programa mestre" que os indivíduos usam para produzir suas ações (*double looping learning* ou aprendizagem em circuito duplo). Esses "programas mestres", segundo esse autor, podem ser entendidos como teorias de ação concreta que informam os atores sociais sobre as estratégias que eles devem usar para alcançar suas intenções.

Argyris (1992) pontua que as teorias de ação concreta são conduzidas por um conjunto de valores que delineia o arcabouço das ações. Ele identifica duas teorias de ação concreta: aquela que o indivíduo esposa, suas crenças, valores e atitudes, e aquela que o indivíduo realmente emprega – a teoria em uso. O processo de aprendizagem em circuito duplo está associado à mudança nesses padrões, crenças e pressupostos, e não apenas nos comportamentos:

Do ponto de vista do indivíduo – Esse processo de mudança é mais facilmente obtido, como ressaltam Motta e Vasconcelos (2002), quando envolve valores e padrões desenvolvidos a partir da socialização secundária, aquela desenvolvida a partir das relações do indivíduo com a sociedade, e com os quais os indivíduos possuem um grau de identificação menor do que com aqueles padrões desenvolvidos a partir da socialização primária (que ocorre na primeira infância) e que pré-estruturam a percepção e integram a personalidade de cada um.

Do ponto de vista das organizações – A aprendizagem de circuito duplo envolve o acesso às informações que permitem comparar o que existe no mercado, a competitividade, os modelos de negócio dos concorrentes, a estrutura organizacional vigente, para em seguida questionar esta estrutura e propor ações corretivas, de modo a inserir mudanças na estrutura antiga, se for o caso, aprimorando competências, desenvolvendo um novo modelo de negócios. Isso significa, segundo Argyris (1992), corrigir erros primeiramente mudando os valores subjacentes e só então as ações, o que demanda uma ruptura. No seio das organizações, o processo de aprendizagem em circuito duplo demanda uma mudança que desestrutura um determinado sistema de ação concreta para reconstruir outro – daí a ruptura.

De acordo com Argyris (1992), o processo de aprendizagem não acontece quando os indivíduos aceitam os jogos vigentes e omitem os erros organizacionais, o que para ele é o mais comum nas organizações. Portanto, ele comunga da visão de Crozier e Friedberg (1977) sobre a dificuldade inerente aos processos de mudança. Confrontar padrões de forma mais profunda pode levar a conflitos, que normalmente são evitados pelos próprios jogos organizacionais. Argyris comenta até a existência de certos jogos que se prestam exatamente ao papel de ocultar outros jogos, dificultando assim os questionamentos mais profundos que levariam ao processo de aprendizagem em circuito duplo.

Em resumo, fazendo uma relação entre as posições de Argyris e Crozier e Friedberg, chegamos à seguinte conclusão: os indivíduos vivem nas organizações em sistemas de ação concreta em que estão configuradas certas técnicas e tecnologias (vistas como as melhores no sistema) e certas formas de gerência, práticas sociais próprias à gestão de pessoas (formas de trabalho, comportamento, alianças estratégicas etc.). Assim, numa organização, podem predominar formas de trabalho individualistas, nas quais as pessoas tenham muito apego à regra e às normas e trabalhem em torno de uma tecnologia específica.

Inovação, Mudança e Resistência à Mudança

Inovação, para Argyris (1992), implica aprendizagem de circuito duplo, como definido anteriormente, ou seja, o questionamento de regras e normas vigentes e a proposição de um novo sistema social e uma nova técnica que desafiem os pressupostos de base do modelo anterior. Aprendizagem, por sua vez, implica mudança de comportamentos, formas relacionais, tecnologias, serviços etc. Esses conceitos não podem ser dissociados.

Porém, quando mudam as tecnologias (quando ocorre a inovação de produtos e serviços), muitas vezes mudam também as formas de gestão da organização. O que era visto como positivo anteriormente passa a ser visto como inadequado, obsoleto etc. A organização pode implantar novos *softwares*, formas de serviço, e para tanto implementar outras formas de gestão, e exigir dos indivíduos novos comportamentos (trabalho em equipe, autonomia etc.). Os indivíduos, habituados aos padrões de comportamento anteriores, que "davam certo", poderão ter, muitas vezes, dificuldades para se adaptar às novas formas relacionais e para adotar os comportamentos exigidos pelo novo sistema organizacional (pelo mais recente "sistema de ação concreta").

Portanto, como dizem Crozier e Friedberg (1977), em se tratando de inovação, a aprendizagem não é só técnica, mas também relacional – aprendizagem de novas formas de interação social, adoção de novas formas de comportamento, adoção de novas alianças estratégicas. Um indivíduo, que antes trabalhava bem de maneira isolada, pode ter dificuldades em se adaptar a um novo modo de trabalho em equipe. A constituição de um novo sistema de ação concreta acompanha o processo de inovação. É importante considerar que o indivíduo pode ser "vencedor" e ter uma posição de prestígio e sucesso no antigo sistema organizacional por deter conhecimentos de técnicas consideradas fundamentais para a organização. No entanto, no processo de inovação e aprendizagem e desenvolvimento de novas competências técnicas que passarão a embasar o futuro da organização, este indivíduo, que antes detinha as competências responsáveis pelo sucesso na organização, deverá se inserir no novo sistema, renegociando suas posições, encontrando uma posição e desenvolvendo novas alianças estratégicas. Se não fizer isso, perderá posições e prestígio, e poderá ser fonte de resistência à mudança, por não aceitar "perder", e se transformar em um fracasso no novo sistema. Tendo desenvolvido uma identidade social na organização, durante anos, de "vencedor", terá dificuldades e sofrerá com a ruptura no sistema, o que motivará a sua resistência (Vasconcelos e Vasconcelos, 2002). A mudança, assim, não é algo simples, pois implica ruptura sistêmica, reconstrução de jogos de poder, construção de novas alianças políticas e novas formas identitárias. A mudança brusca pode inclusive provocar no indivíduo anomia (perda das normas de referência) e grande sofrimento. Dada esta condição, a desdramatização da mudança e a inserção de indivíduos na empresa que tenham habilidade de negociar, transformar-se e reciclar-se ao mesmo tempo em que a organização o faz, evoluindo, passa a ser uma competência valorizada nos indivíduos por esta corrente, que fala em identidades evolutivas, tanto da organização quanto do indivíduo. A expatriação, como veremos adiante, pode ser vista como uma forma de treinar indivíduos na mudança, pois eles deverão se adaptar a novos padrões culturais e a novos jogos de poder, e voltar para os seus países de origem. Neste sentido, se tiverem sucesso, terão provado sua capacidade de mudança e sua adaptabilidade e serão aptos para liderar a construção de novos sistemas de ação concreta e a mudança.

Se a mudança é difícil, pois implica ruptura, a construção de um novo sistema organizacional, dizem esses autores, só se faz a partir das competências e das práticas anteriores. Mesmo que a mudança envolva, por exemplo, despedida em massa de funcionários, muitos dos atores sociais deverão permanecer, e estes deverão reciclar seus conhecimentos e desenvolver novas competências, para continuarem no novo sistema. Aqui entra o papel da gestão estratégica de pessoas, ou gestão de competências, no sentido de prover treinamentos e desenvolvimento de competências estratégicas adaptado às *core competences* e aos interesses estratégicos gerais da firma.

Há dificuldades, no entanto, no aprendizado de novas competências. Segundo Crozier e Friedberg (1977), os atores sociais que detêm o conhecimento de certa técnica fundamental para a organização, por meio da qual esta ganha dinheiro, têm o controle do que se costuma chamar "zona de incerteza pertinente". Assim, uma *expertise* ou conhecimento técnico difícil de ser adquirido e que garanta o sucesso financeiro da organização, dá aos atores sociais que detêm esse conhecimento mais poder e prestígio no sistema organizacional, enquanto esse conhecimento for fonte de ganho financeiro para a firma. Quando se inovam produtos e serviços, mudam-se as competências essenciais da firma, e, conseqüentemente, mudam as zonas de incerteza pertinente (as competências fundamentais que fazem diferença para a organização). Na maioria das vezes, os antigos grupos organizacionais, detentores das antigas competências, que controlavam a partir destas as antigas zonas de incerteza pertinentes, perdem poder, e novos grupos organizacionais, detentores do novo conhecimento útil para a organização, ganham poder, pois passam a controlar as novas zonas de incerteza pertinente.

Como vimos, fenômenos de resistência à mudança são, assim, normais, pois os atores sociais perderão poder e prestígio em razão da inovação. Novas articulações políticas e alianças estratégicas deverão ser feitas em torno das novas competências válidas para o sistema.

Os atores sociais detentores dos antigos conhecimentos válidos no sistema anterior poderão adquirir novos conhecimentos válidos no novo sistema organizacional e se articularem em torno das novas competências técnicas válidas no novo sistema, passando também a controlar as novas zonas de incerteza pertinentes, como faziam no passado. Isso, porém, exige esforço para adquirir as novas habilidades bem como articulação política e negociação com os novos grupos emergentes no sistema. Cabe à gestão estratégica de pessoas promover os arranjos organizacionais necessários à transformação do sistema, atuando como facilitadora desses processos.

Essas zonas de incerteza são as que os indivíduos procuram dominar na busca de suas estratégias, e podem estar relacionadas ao domínio exclusivo de diferentes tipos de recursos, como pontuam Crozier e Friedberg (1977), ao domínio:

- de competências específicas;
- de relações com parceiros sociais críticos;
- das informações e dos processos de comunicação;
- das regras organizacionais fundamentais.

Dominar uma zona de incerteza, seja de qual natureza for, é fundamental no jogo de poder das organizações. Logo, podemos depreender que é da natureza dos atores organizacionais buscarem a perpetuação de suas zonas de incerteza como forma de dominar os jogos a seu favor. Essa conclusão reforça a dificuldade de mudança que vimos anteriormente, e pode limitar a capacidade de aprendizagem e inovação. Como colocam Crozier e Friedberg (1977), a dificuldade da mudança está intimamente relacionada ao fato de os atores sociais serem "prisioneiros" dos sistemas de ação que dominam, e que lhes garantem o controle sobre determinadas zonas de incerteza.

Aprendizagem de Novas Competências

Há diferentes abordagens para o conceito de competências e para o processo que gera seu aprendizado. Como descrevem Dutra; Hipolito e Silva (2000), há uma linha de definição norte-americana, que entende competência como um conjunto de qualificações, entendido como conhecimentos, habilidade e atitudes, que permitem ao indivíduo atingir um desempenho superior. São partidários dessa abordagem autores como McClelland e Dailey (1972), Boyatzis (1982), Spencer e Spencer (1993), entre outros. De acordo com essa linha de pensamento, as competências podem ser previstas ou estruturadas de forma a permitir um padrão de avaliação e são desenvolvidas fundamentalmente por processos de treinamento. O treinamento é aqui entendido como a forma de aquisição de padrões superiores de desempenho, que, de acordo com Moura e Bitencourt (2006), ocorre por interseção de três elementos:

- saber: incorporar conhecimentos;
- saber fazer: adquirir habilidades;
- saber agir: desenvolver atitudes.

Em contraposição a essa visão norte-americana, surgem autores europeus como Le Bortef (1997) e Zarifian (2001), que entendem que a competência é, na verdade, **a expressão prática** de um conjunto de conhecimentos, habilidades e atitudes. É capacidade de o indivíduo mobilizar seus recursos para dar uma resposta prática às situações com as quais se depara.

Zarifian deixa claro que a competência é uma "inteligência prática", apóia-se nos conhecimentos previamente adquiridos e os transforma em função das demandas de maior complexidade com que a pessoa se depara em novas situações. Assim, o conjunto de conhecimentos, habilidades e atitudes preexistentes, formado a partir de experiências anteriores, constitui a base para que o indivíduo busque novas respostas quando se depara com situações imprevistas. Le Bortef, fortalecendo essa linha de raciocínio, atesta que competência é a capacidade de colocar em prática aquilo que se sabe, numa circunstância nova. Concluindo o raciocínio dos autores europeus, só faz sentido falar-se em competência em ação, vinculada ao saber ser e ao saber mobilizar conhecimentos em diferentes contextos (Dutra; Hipolito e Silva 2000).

O aprendizado de novas competências, fundamental no contexto das capacidades dinâmicas para a construção de vantagem competitiva sustentável pela firma, implica aplicar conhecimentos, habilidades e atitudes num novo ambiente, diferente dos contextos de domínio anterior, com maior complexidade e menor previsibilidade.

Essa é a base para o desenvolvimento da capacidade de ação estratégica preconizada por Crozier e Friedberg. Desta forma, em resumo, a firma, para inovar e desenvolver vantagem competitiva sustentável, necessita de indivíduos que, além da capacidade para desenvolver novos conhecimentos técnicos e novas habilidades, sejam capazes de desenvolver novas alianças estratégicas e novas formas relacionais em torno das novas zonas de incerteza pertinentes, surgidas em torno das novas competências fundamentais para o sucesso da organização, oriundas do processo de inovação. A expatriação de executivos pela firma pode ser uma forma de desenvolver a capacidade de ação estratégica de futuros gerentes/líderes de processos de inovação.

Apresentaremos a seguir as características do contexto da globalização e do modelo pós-industrial de produção econômica e depois as principais características do modelo estratégico de gestão de pessoas, que visa utilizar a expatriação para desenvolvimento das características do executivo global.

O CONTEXTO GERAL DO "EXECUTIVO GLOBAL" QUE A EXPATRIAÇÃO PRETENDE DESENVOLVER

Globalização e Tecnologia de Informação

Como coloca Castells (1999), a partir da década de 1980, a maior circulação de bens e capitais tornou-se possível graças ao **modo informacional de desenvolvimento**. A tecnologia (internet, intranet, fax, novos modelos de telefonia digital etc.) permite o contato entre os diversos mercados e países, instantaneamente, em tempo real, garantindo o acesso a informações, o trabalho a distância e a realização de investimentos econômicos rápidos em diversos mercados, aumentando a velocidade com que circulam o capital e os produtos e serviços. Dessa forma, no atual sistema econômico (o capitalismo informacional), o processamento da informação é continuamente focalizado na melhoria da tecnologia do processamento da informação como fonte da produtividade, constituindo um círculo virtuoso. Ou seja, novas tecnologias permitem processar informações melhor e mais rapidamente, sendo fonte de uma maior produtividade. São essas as características do sistema econômico atual (Castells, 1999).

Outro ponto salientado por Castells é a diversidade cultural. O uso da tecnologia da informação faz com que se propague um novo sistema de comunicação que fala cada vez mais uma linguagem universal digital, promovendo a integração global da produção e distribuição de palavras, sons e imagens. Pessoas com o mesmo tipo de interesse, valores e visões de mundo podem comunicar-se, trocando informações e constituindo redes multiculturais interativas. Neste tipo de sociedade, a diversidade cultural é uma realidade em que, além do aspecto citado, pessoas com diferentes princípios, valores, formas de comportamento ou religião, agrupam-se por interesses semelhantes e mobilizam-se por conquistas sociais e políticas (Castells, 1999; Motta e Vasconcelos, 2002).

Domenico De Masi (1999) também compara a sociedade industrial com a pós-industrial. Ao analisar a sociedade industrial, o autor mostra que, para a maioria dos indivíduos que realizam tarefas repetitivas, o trabalho não oferece realização pessoal e limita a aprendizagem, uma vez que este sistema está comprometido com a produtividade e não com o desenvolvimento individual. Dessa forma, a realização pessoal e as oportunidades de desenvolvimento no trabalho seriam ainda privilégio de poucos. Dando seqüência a esta análise, De Masi (1999) analisa o futuro do trabalho e da sociedade pós-industrial, na qual haveria uma diminuição progressiva da jornada de trabalho e o lazer (ou "ócio criativo") ofereceria aos indivíduos novas possibilidades de desenvolvimento e realização pessoal não encontradas no ambiente de trabalho atual. A aprendizagem, o desenvolvimento e a realização pessoal são valores que ganham importância na análise das organizações e da sociedade como um todo (Castells, 1999; De Masi, 1999).

Como demonstram Motta e Vasconcelos (2002), em se tratando das organizações, são quatro os pontos fundamentais que tratam do modelo pós-industrial:

- *A concentração do foco de atenção na mudança organizacional* – A estrutura organizacional e a sua dinâmica tornam-se objeto de estudo intensivo por parte dos pesquisadores e teóricos da administração.

- *A dimensão simbólica* – Buscam-se mecanismos de integração e de coesão organizacionais, valorizando-se a dimensão simbólica e cultural da empresa.
- *A aprendizagem organizacional e as organizações em aprendizagem* – Embora vários teóricos já tivessem estudado a aprendizagem nas organizações, no início dos anos 1990, Peter Senge lança esse conceito em seu livro *A quinta disciplina*, operacionalizando-o e divulgando-o.
- *A autonomia individual* – Busca-se um equilíbrio entre a autonomia individual e a produtividade.

Essas transformações ocorrem em razão da transição do modo de produção industrial para o modo de produção pós-industrial, como mostraremos em seguida.

Detalhando o Modelo Industrial e o Modelo Pós-Industrial

Apresentaremos a seguir as principais características citadas pelos autores pesquisados (De Masi, 1999; Castells, 1999), no que diz respeito aos modelos industrial e pós-industrial de produção.

a) **Modelo Industrial**
- concentração de massas de trabalhadores assalariados em fábricas e unidades de produção (*Homo Faber*);
- concentração de trabalhadores no setor secundário – indústria;
- predominância do setor industrial no PIB (Produto Interno Bruto) dos países desenvolvidos;
- aplicação de processos científicos à produção industrial;
- divisão social do trabalho e fragmentação programada das tarefas;
- separação entre habitação e local de trabalho;

- família nuclear predomina sobre família no sentido mais amplo do termo;
- progressiva urbanização e escolarização das massas;
- redução das desigualdades sociais;
- maior mobilidade geográfica e social;
- valores como progresso e bem-estar são relevantes;
- aumento da produção em massa e do consumismo;
- mecanização do trabalho humano.

b) **Modelo Pós-Industrial**
   - supremacia do setor terciário (serviços);
   - globalização;
   - tecnologia da informação garante rapidez nas comunicações (internet, telefonia digital, satélite, fax, redes interativas);
   - processamento das informações como mecanismo de geração de valor e vantagem competitiva para as organizações;
   - mecanização de trabalhos rotineiros antes atribuídos ao homem;
   - diversidade cultural;
   - desregulamentação e descentralização;
   - aumento da complexidade dos sistemas técnicos e sociais;
   - *A quinta disciplina* (Senge, 1990);
   - identidades evolutivas;
   - conceitos como mudança contínua, transitoriedade, adaptabilidade, flexibilidade, aprendizagem, contingência, autonomia, identidade, cultura, comunicação simbólica, diversidade consolidam-se como valores;

- racionalidade limitada – formas de pensamento múltiplas, diversas racionalidades;
- trabalho e ambiente privado se confundem, graças à tecnologia da informação;
- predomínio do presente como unidade temporal;
- *Homo Ludus*: voltado para o lazer, dispondo de mais tempo livre para atividades que o realizem – comunicação, entretenimento e aprendizagem lúdica, como sons e imagens, substitui o *Homo Faber* do período industrial (De Masi, 1999).

Resumindo o que analisam sobre o tema De Masi (1999), Castells (1999), Stiglitz, (2002) e Freitas (1999), ocorre a emergência de fenômenos como globalização, na qual o estudo da interculturalidade e da expatriação de executivos surgem como temas relevantes de análise, uma vez que a economia informacional integra o trabalho e o comércio nos diversos continentes e países, aumentando a mobilidade social dos indivíduos.

Globalização: Aspectos Gerais

Segundo Stiglitz (2002), a década de 1980 é marcada pelo início do fenômeno da globalização, caracterizado pela mobilidade do capital e abertura do comércio internacional como uma das possibilidades de crescimento econômico. Como pontua Stiglitz (2002) ainda, essa abertura, que implica um crescente processo de exportações, possibilitou um crescimento que não seria possível de outra maneira, e numa velocidade maior. O que caracteriza de forma mais clara o fenômeno da globalização, de acordo com Tallman e Faldmoe-Lindquist (2002), é o esforço estratégico de tratar o mundo, ou uma parte significativa dele, como um único mercado para se fazer negócios. Isso implica tratar os negócios a partir de uma perspectiva única em outras dimensões, que não só a do mercado: as dimensões da estratégia, da pesquisa e desenvolvimento (por meio da uniformização e expansão tecnológica de novos produtos), da produção e do marketing. Do ponto de vista da produção, por exemplo, um mesmo produto final é feito com materiais, peças e componentes produzidos em várias partes do planeta.

Segundo alguns autores, como Cole (2003) e Stiglitz (2002), além dessas dimensões, a globalização é um processo de interação social, no qual as pessoas, mesmo que de forma inconsciente, se inserem numa rede de relacionamentos globais de toda ordem, baseados em sofisticados modelos de comunicação.

Por conta desse processo intenso de comunicação, diz Stiglitz (2002), a globalização reduziu a sensação de isolamento que as nações viviam, especialmente aquelas em desenvolvimento, e deu acesso a um conhecimento que antes não estava à disposição de muitos. É exatamente esse aspecto da mobilidade do conhecimento (em adição à mobilidade de capital), que constitui uma outra característica marcante da globalização, diz o autor.

A globalização, com suas bases na expansão da comunicação e dos meios informatizados, vem marcar o modelo pós-industrial, como vimos anteriormente (Castells, 1999).

Trata-se de um processo que, de uma maneira geral, tem seus prós e contras: por um lado, reduziu o isolamento das nações menos desenvolvidas, possibilitou o fluxo de capitais dos mais ricos para os mais pobres, permitiu a divulgação de tecnologias a fronteiras antes não atingidas; por outro, como apontam Stiglitz (2002) e Cole (2003), gerou maior distância entre os que têm mais e os que têm menos porque não levou à redução esperada dos índices de pobreza, nem trouxe maior estabilidade. No entanto, um dos aspectos unânimes, tanto entre os que a apóiam como entre os que a criticam, é que a globalização levou a uma incontestável ampliação da mobilidade de recursos de uma maneira geral, sejam eles financeiros, tecnológicos ou humanos.

A maior mobilidade de pessoas traz à tona o tema da diversidade cultural, que envolve também aspectos relacionados à convivência de executivos de diferentes países e contextos socioculturais.

O contexto do modelo pós-industrial e da globalização demanda, por parte das empresas, maior capacidade de coordenação de uma complexa rede de relacionamentos e de otimização de recursos na cadeia produtiva (recursos esses que possuem mobilidade), e, acima de tudo, um estreitamento dos relacionamentos intra e interorganizacionais. Essa dinâmica exige um entendimento mais sofisticado das diferenças culturais que marcam as interações no ambiente global (Echevest et al., 1998), o que pode ser favorecido a partir da maior mobilidade das pessoas na organização.

Ampliar a mobilidade das pessoas, especialmente dos quadros gerenciais, é também uma forma pela qual as empresas têm buscado aumentar seu repertório de habilidades, e com isso fazer face ao cenário facilmente mutável e de crescente complexidade que caracteriza a era da globalização (Freitas, 1999). Essa demanda por maior mobilidade gerencial desenha um novo perfil de executivo, o "executivo global", como indicam os estudos de Maria Ester de Freitas (1999) sobre expatriação. O tema de pesquisa expatriação mostra ser um tema relevante nos estudos acadêmicos, como demonstram Echeveste et al. (1998); Freitas (1999) e Stiglitz (2002).

Em suma, com o advento da economia informacional e da globalização, com a integração de mercados e o aumento do comércio mundial, solicita-se ao indivíduo maior mobilidade social, que saiba conviver com outras culturas e trabalhe em diversos contextos sociais. O estudo da expatriação de executivos ganha maior relevância neste contexto. Apresentaremos a seguir, de forma mais detalhada, pesquisas acadêmicas que descrevem o impacto que a globalização tem na gestão de executivos (Freitas, 1999).

A Globalização e o Seu Impacto na Gestão dos Executivos

Para fazer face aos desafios da gestão globalizada, cresce a demanda pelo executivo que vem sendo definido como "executivo global", que possa entender e obter vantagens competitivas desse novo contexto (Freitas, 1999).

Como sugerem Suutari (2002) e Caligiuri e Di Santo (2001), esse executivo deverá atuar num contexto que geralmente não lhe é familiar, que carrega padrões de negócio influenciados pela cultura local (muitas vezes distante da sua cultura de origem), pelas práticas políticas e até mesmo religiosas em alguns casos, como no Oriente Médio.

Os trabalhos desses autores mostram que o desafio dos executivos nesse contexto, que muitas vezes pode lhe ser adverso, é obter resultados e produtividade superiores, o que requer algumas características específicas, que podem ser resumidas em:

- capacidade de trabalhar de igual para igual com pessoas de diferentes experiências e formação;
- liderar e participar efetivamente de equipes multiculturais;
- habilidade para adaptar seu estilo em função das características locais;
- ser um "explorador" da cultura local, percebendo as diferenças e adaptando-se;
- administrar adequadamente a dualidade entre integração global e resposta local (Castells, 1999);
- possuir conhecimento global do negócio e de aspectos de negociação internacional;
- desenvolver uma rede pessoal de relacionamentos.

E, um dos pontos mais relevantes citados pelos autores: demonstrar conhecimento e respeito pelos aspectos significativos da cultura dos outros países, além de saber lidar com esses aspectos na gestão de seu dia-a-dia, de forma a facilitar a obtenção de resultados, o que implica gestão da diversidade cultural.[1]

Harris e Moran (1993) também tratam do tema, e usam o termo "executivo global" para definir todos aqueles que têm a responsabilidade de lidar com pessoas e culturas, e cujo desenvolvimento requer, obrigatoriamente, o aprendizado intercultural. Para esses autores, as organizações devem ser vistas como "entidades culturais", que vêm passando por fortes transformações no contexto atual, e que impõem uma perspectiva mais global.

Crescer no meio de limitações culturais que elas naturalmente impõem significa, de acordo com Harris e Moran (1993), tornar-se **cosmopolita**, na compreensão estrita do termo: pertencer ao mundo; não estar limitado a apenas uma parte da esfera política, social, comercial ou intelectual; ser livre das idéias "locais ou nacionais"; não se ater a pré-julgamentos ou a raízes. Um cosmopolita, para os autores, é alguém que funciona efetivamente em qualquer lugar do mundo. Sua tese é que, para uma transição de sucesso no contexto do século XXI, todos devem se transformar em "seres cosmopolitas", especialmente pessoas em posição de liderança.

Esses autores entendem que uma das fortes transformações que vêm acontecendo no ambiente das organizações toca diretamente os gestores, tanto no que se refere a seu papel, como também a seu estilo de gestão e atitudes. Harris e Moran (1993) afirmam que a invasão da competição estrangeira, em quase

---

[1] Entendida como a capacidade de administrar diferenças associadas a: idade, sexo, raça, classe social, ocupação, religião, capacidade física ou valores culturais (Lorbiecki, 2001).

todos os países e mercados, força os gestores a serem mais "sensíveis culturalmente", demandando um perfil de executivo global, que definem ser alguém: cosmopolita, negociador, comunicador intercultural, capaz de criar sinergia e de liderar mudanças culturais.

Para esses autores, ainda, quando realocado dentro ou fora do país, o executivo com essas características não só se adapta rapidamente às novas circunstâncias e estilo de vida da região, mas também ajuda os demais na sua aculturação, respeitando a herança e os costumes locais. Eles reforçam a importância da perspectiva cosmopolita nesse perfil, realçando os aspectos que a caracterizam. Dentro do contexto organizacional, ser um executivo com perfil cosmopolita significa:

> (...) ser sensível, inovador e participativo, capaz de operar confortavelmente num meio global e "plural". É ser um representante multinacional e multicultural da organização, que consegue gerir mudanças aceleradas e diferentes na sua própria vida. O executivo cosmopolita é aberto e flexível no seu relacionamento com outros, pode lidar com situações e pessoas diferentes de seu histórico de vida, e pronto a alterar atitudes pessoais e percepções. (Harris e Moran, 1993, p. 10)

O desenvolvimento do perfil do executivo global

As empresas que lidam nesse contexto global têm se deparado com o desafio de identificar aqueles que melhor possam se adaptar a essa dimensão global e desenvolver em seus executivos esse perfil que recai, em vários aspectos, em características de cunho pessoal, mais do que em conhecimento técnico, normalmente de mais fácil endereçamento (Freitas, 1999; Lorbiecki, 2001).

Várias têm sido as estratégias utilizadas nesse processo de desenvolvimento, que visam diferentes objetivos e levam a diferentes níveis de exposição ao contexto global, segundo os estudos de Lorbiecki (2001):

- participação em reuniões globais, fóruns e viagens internacionais de negócios, o que propicia o estabelecimento de redes de relacionamento e amplia a visão do executivo, dando-lhe a possibilidade de vivenciar diferenças culturais, sem, no entanto, ter que lidar com elas no dia-a-dia;
- participação em forças-tarefa multiculturais para obtenção de resultados específicos, o que estimula os executivos a pensar no negócio para além das fronteiras de seu domínio. São ações de impacto mais imediato, uma vez que são voltadas para a busca de resultados de curto prazo;
- programas internacionais de treinamento e desenvolvimento, que são vistos como ideais para encorajar os executivos a focar em processos específicos da organização, implicando custos mais elevados;
- participação em redes internacionais de tecnologia, marketing, produção, recursos humanos etc., que possibilitam o desenvolvimento de *expertise*, mas com uma dimensão internacional;
- atribuições e tarefas de curto prazo, que levam ao desenvolvimento da sensibilidade *cross-cultural* e a maior exposição à diversidade;
- e, por fim, as missões de longo prazo, consideradas, de uma maneira geral, as estrategicamente mais poderosas no que tange ao desenvolvimento do perfil do "executivo global", uma vez que implicam uma exposição mais longa e ampla do executivo a cultura(s) diferente(s) e conseqüentemente um processo mais consistente de aprendizagem.

Morrison, Gregerson e Black (1999) tratam o tema de forma bastante semelhante. Para eles, o processo de desenvolvimento de um líder global pode se dar por meio de quatro estratégias:

- *Viagens* – para serem efetivas nesse processo de desenvolvimento, devem colocar os profissionais no centro dos aspectos culturais, de mercado, econômicos e políticos do outro país; devem ser viagens de qualidade e não apenas em quantidade.

- *Trabalho em equipe* – trabalho em equipes globais, multidisciplinares. Quanto mais intensa e prolongada a participação do profissional nesses contextos, maiores as oportunidades de desenvolvimento, o que lhe possibilitará compreender como se dá o processo de decisão, os paradigmas de liderança, os valores e modelos de negócio da outra cultura, possibilitando também que cada um avalie seus próprios paradigmas vis-à-vis os da outra cultura.

- *Treinamento* – programas formais de treinamento têm um papel relevante na formação do líder global, possibilitando experiências simuladas em ambientes estruturados, onde os riscos são mais controlados.

- *Transferências* – exercem, segundo esses autores, um papel vital e poderoso no processo de desenvolvimento do líder global, pois forçam o profissional a mudar sua forma de enxergar o mundo.

São essas atribuições e missões de longo prazo, essas transferências, que compõem o que se denomina o *processo de expatriação*, caracterizado pela exposição mais longa a uma outra cultura, que envolve não só aspectos profissionais como também da vida cotidiana. Como propõe Freitas (1999), a vivência internacional exige do profissional abertura de espírito, o estímulo pelo desafio, a curiosidade quanto ao diferente, genuína capacidade de observação e de leitura de cenários, bem como o respeito a uma realidade cultural simbólica diferente da sua. Esses são fatores que dão aos processos de expatriação maior potência no que se refere ao desenvolvimento do perfil do executivo global.

Como pontua Cerdin (2002), a decisão por um processo de expatriação implica também alguns obstáculos, por exemplo, o custo desse processo (que aumenta em caso de fracasso). Para esse autor, a decisão favorável à expatriação, vis-à-vis seus obstáculos, ocorre normalmente não só pelos aspectos referentes ao desenvolvimento do perfil do executivo global e reforço do planejamento sucessório, mas também como uma oportunidade de desenvolvimento da organização como um todo. De acordo com Cerdin, esse processo de desenvolvimento da organização envolve, por um lado, aspectos relacionados à coordenação e controle, e por outro, ao intercâmbio de informações. No que se refere à coordenação e controle, o processo de expatriação permite criar uma rede informal, num nível superior de comunicação, e uma compreensão mútua entre sede e demais locais. Quanto ao intercâmbio de informações, a expatriação facilita esse processo não somente durante o período em que ocorre, mas também na fase posterior, na medida em que abre novos canais de contato e amplia os existentes.

Ainda no que concerne aos aspectos de desenvolvimento da organização, Pautrot e Girouard (2004) indicam que a expatriação favorece a introdução de *expertise* específica em diferentes regiões e de um modelo de governança de grupo, bem como o desenvolvimento do "sentimento de pertencer" a uma única organização.

Definiremos expatriação a seguir, de acordo com esta corrente, e mostraremos como ela é responsável pelo desenvolvimento do que autores pesquisados, tais como Caligiuri e Di Santo (2001), chamam de "executivo global".

A Expatriação como Instrumento de Desenvolvimento do Executivo Global

A expatriação implica a transferência temporária de um profissional de um país para outro, para exercer uma determinada função, durante um período predefinido (Caligiuri e Di Santo, 2001), e mediante um processo formal e legal, com a existência de um contrato que define as condições específicas de transferência.

Os processos de expatriação normalmente prevêem um tempo mínimo e máximo de permanência do profissional no outro país, podendo esse tempo ser reduzido ou ampliado em função do interesse de ambas as partes, empresa e profissional. Pode, também, prever a passagem por outros países, o que normalmente só ocorre após 12 a 24 meses do primeiro período de expatriação. Uma das condições básicas para um processo de expatriação, seguida pela maioria das empresas, é que não haja perda de condições de vida para o expatriado no país de recepção. Por conta disso, a maioria das empresas provê condições financeiras e de localização do expatriado (Caligiuri e Di Santo, 2001).

A expatriação pode ocorrer por diferentes motivos, que são classificados, segundo Baruch e Altman (2002), de acordo com cinco modelos:

- *Global* – nessa categoria, a expatriação é vista como fazendo parte integralmente da vida da organização e constitui, de forma muitas vezes inevitável, uma etapa da carreira gerencial do profissional. A recusa a uma expatriação, nesse caso, não é uma opção considerada. Trata-se, via de regra, de uma modalidade só existente em grandes organizações multinacionais, que incluem em suas estratégias o movimento regular de pessoas entre diferentes países onde estão localizadas. Normalmente, nessas organizações é natural o desejo e a abertura dos executivos para expatriação, bem como a existência de características como adaptabilidade e abertura à diversidade cultural. Dado que a expatriação é vista como um processo regular nesse "modelo global", existem políticas claras e procedimentos bem definidos a orientar a vida dos expatriados, e que tornam esse processo praticamente uma rotina. A matriz da empresa é vista pelo expatriado apenas como uma referência, mas não como uma base de apoio.

- *Emissário* – ocorre no caso em que a empresa mantém mercados além de suas fronteiras, com visão de longo prazo, mas o país de origem da empresa continua como a base dos recursos para o expatriado, que mantém com ele forte ligação. Nessa categoria, a empresa é tipicamente uma empresa nacional, com filiais fora do país, para as quais são enviadas pessoas com o intuito de controlar as operações (seguindo um modelo colonialista de dominação européia dos séculos XIX e XX). A expatriação, aqui, não é uma opção de carreira como no "modelo global", e para que seja atraente, são oferecidos benefícios e serviços para facilitar a vida fora do país e criar um "lar fora do lar" (que muitas vezes gera os denominados "guetos de expatriados"). Aquele que é convidado para um processo de expatriação pode recusá-lo em circunstâncias especiais (o que é praticamente inaceitável no "modelo global"). O expatriado nessa categoria é normalmente um "patriota", com alto grau de lealdade à empresa e ao país de origem, o que torna a manutenção da motivação dessas pessoas que vivem fora um desafio para a empresa.

- *Periférico* – esse modelo caracteriza empresas operando em geografias periféricas, onde a expatriação é uma opção de "pós-carreira", para aqueles que já estão aposentados, ou em vias de se aposentar, e representa um reconhecimento por si só. Nesse caso, as pessoas almejam uma expatriação, que é vista como uma espécie de *status*. Para empresas que operam com essa categoria, a globalização é uma estratégia de expansão, ou porque o mercado local não oferece opções de crescimento, ou porque são empresas voltadas para exportação, operando normalmente em nichos específicos de mercado, fornecendo produtos ou serviços muito especializados. As pessoas experientes são uma fonte de *know-how*, que é transferido para outras regiões.

- *Profissional* – trata-se de uma estratégia para aquisição/desenvolvimento de *know-how*. O objetivo nesse caso é concentrar nos pontos fortes da "matriz" e manter as pessoas dentro de fronteiras geográficas determinadas. Em contraste com o modelo "emissário", onde a lealdade ao país de origem e à empresa é determinante, aqui o foco é a possibilidade de se ter novas experiências ou desafios via uma expatriação. Nessa categoria, não são necessárias políticas e regras muito bem estabelecidas, já que os expatriados têm essa opção como algo regular a partir de um certo ponto de sua carreira, e se familiarizam com as situações envolvidas.

- *Conveniente* – usado como um processo emergente para as empresas recém-introduzidas na "cena global". Tem características mais *ad hoc* e pragmáticas, e se presta a ajudar no desenvolvimento de políticas e procedimentos de atuação nos mercados globais. Costuma ser um estágio temporário utilizado no caminho da internacionalização de empresas. Nesse caso, a expatriação representa um risco maior na medida em que as empresas não possuem regras e políticas já definidas (cada caso será tratado como uma situação específica), e trata-se muito mais de uma opção do que nas demais categorias (o que costuma representar um real comprometimento com a empresa).

Cada um dos modelos é usado em função da estratégia da empresa, e conduz à definição dos aspectos do contrato de expatriação. Esses modelos podem ser relacionados com as cinco etapas de internacionalização das empresas descritas por Meier (2004), e que podem ser compreendidas como parte do processo de inserção das empresas no contexto global. São elas:

- *Operações de exportação* – a empresa estende seus mercados a outros países, mantendo a produção no país de origem.

- *Filial ou rede de empresas* – a empresa desloca uma parte de suas operações ao exterior.

- *Operações multinacionais* – a empresa torna-se uma empresa multinacional, com operações de produção e de comercialização em diferentes países, mas as decisões estratégicas são tomadas na sede.

- *Operações transnacionais* – visando conciliar integração global e diferenciação, buscando tirar o máximo proveito de economias de escala e de campo, conservando as vantagens distintivas no plano local

- *Operações globais* – a empresa nessa etapa não é mais identificada com um país de origem; a sede tem apenas uma função de controle e coordenação.

Mas, além da opção por um determinado modelo de expatriação em função da estratégia da empresa, um outro aspecto relevante para esse processo é a definição do perfil do profissional a ser expatriado, que possa orientar sua busca na organização. Muitas são as características que podem ser consideradas no perfil daquele a ser expatriado, mas uma é de relevante importância nessa decisão, de acordo com Richardson e Rullo (1992): a capacidade para entender diferenças culturais e diferenças técnicas e de meio ambiente.

No entanto, mesmo com uma definição clara e orientada do modelo estratégico de expatriação e uma seleção apurada do profissional a ser expatriado, a maioria dos estudos identifica que um fracasso de expatriação está baseado em outro aspecto: o da família do expatriado, um aspecto crítico no processo de expatriação, de acordo com estudos dos autores Richardson e Rullo (1992), Rushing e Kleiner (2003) e Baruch e Altman (2004).

O *fracasso* de uma expatriação deve ser entendido aqui como o retorno do expatriado ao país de origem antes do término de seu contrato ou da conclusão de seus objetivos de expatriação.

Os estudos de Baruch e Altman (2002) e Cerdin (2002) mostram que, mesmo reconhecendo os limites das medidas a respeito, costuma-se utilizar os seguintes critérios para averiguar o sucesso ou fracasso de um processo de expatriação:

- prazo de retorno, sob três dimensões: se o expatriado cumpriu o prazo, foi chamado antes ou pediu para a voltar antes do prazo previsto no contrato (salvo por razões específicas, não inerentes ao processo de expatriação em si);
- cumprimento de objetivos / *performance* durante o período de expatriação;
- estabilização ou declínio na carreira após o retorno.

De acordo com Rushing e Kleiner (2003), 70% de todas as expatriações fracassam em razão de problemas pessoais ou dificuldades da família do expatriado. Por conta disso, na maior parte da literatura pesquisada sobre expatriação, encontra-se um bom número de páginas dedicadas à exploração das condições de contexto necessárias para minimizar impactos nessas duas dimensões, especialmente quando do início do período de expatriação.

Em resumo do que se disse até o momento, o contexto da globalização e da economia pós-industrial (informacional) exige profissionais que detenham as capacidades próprias ao "executivo global" anteriormente definido:

- que sejam capazes de se adaptar a contextos diferentes de trabalho;

- que sejam capazes de lidar com as mudanças e transformações geradas pelos processos de inovação da empresa, reciclando-se; evoluindo junto com a organização; renegociando posições e alianças estratégicas;

- que saibam conduzir e liderar processos de mudança e transformação que acompanham a inovação, lidando com fenômenos de resistência à mudança e negociando com os atores sociais envolvidos no processo;

- que saibam liderar processos de aberturas de filiais no exterior, gerenciar subsidiárias, fazendo a adaptação das políticas globais à realidade local, tendo em vista o paradoxo integração/diferenciação do qual já tratavam Lawrence e Lorsch (1967) em seus trabalhos pioneiros nos anos 1960. Trata-se, neste caso, de lidar com as tensões entre o global e o local, das quais trata Castells em seu livro *A sociedade em rede* (1999). As multinacionais, em sua gestão internacional, necessitam destes executivos, que vão adaptar políticas de estratégia, fazer a adaptação de produtos e serviços, adotar estratégias de marketing e de gestão de pessoas à realidade local, sem, no entanto, abandonar as características fundamentais definidas pela matriz. A busca desse equilíbrio é sempre delicada. Os executivos que passaram por processos de expatriação, indo da filial para a matriz e depois fazendo o caminho de retorno, e tiveram sucesso neste processo são considerados pelas organizações pessoas que desenvolveram essas competências. Trata-se de uma situação diferente ainda da dos executivos que vão da matriz para a filial para gerenciar uma subsidiária: estes já provaram sua competência gerencial na matriz e chegam, normalmente, em posições de comando. Os que vão da filial para a matriz têm um duplo trabalho, mostram as pesquisas: provar a competência nas filiais, para serem selecionados, ir para a matriz, provar a competência lá, e depois fazer o caminho de retorno;

- competência para liderar times de nacionalidades diferentes, crenças, línguas, sexo, padrões culturais, idades diferenciadas dentro do espírito da diversidade cultural no trabalho que acompanha a globalização.

Assim, adaptabilidade, capacidade de ser "agente de mudança e transformação", capacidade política de reciclagem, negociação, gerenciamento dos pólos global/local são as competências que essa corrente destaca para o "executivo global" e que podem ser desenvolvidas pela expatriação com sucesso.

Como a expatriação é apenas para os executivos selecionados como *high flyers*, segundo o posicionamento desta corrente – executivos selecionados para desenvolver posições de alta gerência no futuro da organização, e trata-se de um alto investimento como forma de treinamento –, espera-se que em seu retorno esse executivo seja um "difusor" de novas idéias, técnicas e valores que aprendeu durante o processo. Existe, assim, um efeito multiplicador do "investimento" da organização, que "forma" alguns para que estes, depois, "formem" outros.

Para tanto, a teoria dos recursos da firma explicada prevê que a organização defina suas *core competences* – "competências essenciais" – que vão se aperfeiçoando no tempo, enquanto o grupo organizacional que embasa e detém as competências correspondentes às competências fundamentais da firma também deve se transformar, acompanhando os processos de inovação.

Surge, assim, o modelo estratégico de gestão de pessoas, ou por competências, que fará um "mapeamento" das competências existentes no grupo organizacional e gerenciará o aprimoramento e a transformação dessas competências por meio de procedimentos de treinamento. Aqui, a expatriação é um instrumental desse tipo de política de gestão de pessoas.

Resumimos, então, o que foi apresentado até agora nesta corrente, e apresentaremos a seguir o modelo estratégico de gestão de pessoas, conhecido ainda como gestão de competências ou modelo político de gestão de pessoas (arbitragem gerencial).

Modelos de Gestão de Pessoas

Há dois tipos preponderantes de modelos de gestão de pessoas, segundo a literatura disponível hoje: o instrumental e o modelo estratégico de gestão de pessoas (ou modelo político da "arbitragem gerencial"). O segundo também é chamado de "gestão de competências" porque, como vimos anteriormente, deve mapear as competências atuais dos executivos e grupos de técnicos que contribuem com as competências essenciais da organização, e planejar seu desenvolvimento. Isso tendo em vista que a organização tem de continuar desenvolvendo vantagem competitiva dentro das características em que ela é "excelente" e definindo áreas de sua especialidade, dentro do modelo VRIO (Valor, Raridade, Imitabilidade e Organização). Essas capacidades organizacionais devem evoluir dentro de um aspecto dinâmico para que a empresa desenvolva vantagem competitiva sustentável.

As pesquisas mostram que o modelo estratégico de gestão de pessoas é o adequado para a inovação e embasa a teoria que considera a expatriação como forma de desenvolvimento do executivo global.

Porém, rapidamente, apresentaremos as características do outro modelo taylorista, o modelo instrumental, não adequado aos processos de inovação, apenas para contrapô-lo ao modelo estratégico de gestão de pessoas.

Modelo Instrumental

As organizações, profissionais do setor e livros de administração que embasam a análise desse modelo propõem um corpo teórico composto dos seguintes conceitos (Brabet, 1993; Vasconcelos e Vasconcelos, 2002 Vasconcelos e Mascarenhas, 2003):

- o mercado se impõe à empresa, que é considerada um instrumento racional de produção, cuja estratégia é definida por seus diretores em função das pressões deste mercado, do setor e dos valores organizacionais;
- a gestão de recursos humanos (e não de pessoas) tem a função de implantar esta estratégia buscando a maximização do resultado econômico e uma melhor *performance* dos empregados, uma vez que, em tese, toda a comunidade organizacional será beneficiada pelo aumento da produtividade;

- o pagamento por produtividade e o valor "igualdade de oportunidades" são características importantes desse modelo. Ele é baseado no conceito de eficiência econômica e no argumento de que a eficiência social gera a eficiência econômica e vice-versa;
- os indivíduos devem ter mais autonomia, mas somente na medida em que este desenvolvimento seja útil à empresa. Dessa forma, os empregados são considerados seres utilitaristas e condicionáveis mediante ações baseadas no conceito de estímulo–resposta, por meio de uma interpretação própria e muitas vezes simplificada das técnicas behavioristas. Os profissionais de recursos humanos, dentro deste modelo, consideram que é possível implantar programas baseados nesses conceitos, levando os indivíduos a adotar os comportamentos esperados, medindo-se as respostas aos estímulos dados, comparando-as aos resultados da produção e aos investimentos realizados no programa. Não se fala em atores sociais, mas em agentes.

A gestão de recursos humanos tem assim o seguinte papel:

- avaliar as necessidades e os recursos dos grupos organizacionais;
- descrever cargos e os provê-los segundo um recenseamento sistemático dos candidatos, usando procedimentos de seleção "objetivos";
- avaliar os cargos e as *performances* dos empregados, remunerando-os eqüitativamente a fim de motivá-los;
- treinar os indivíduos, melhorar as condições de trabalho, informar, comunicar e assegurar relações sociais satisfatórias.

A participação dos grupos organizacionais é considerada importante a fim de obter a sua adesão à estratégia da empresa.

Existem outras características ainda a serem consideradas:

- empresa considerada como um organismo adaptativo;
- meio ambiente "natural" visto como um dado da realidade;
- planejamento estratégico, seleção e gestão de recursos humanos coordenados pelos profissionais da área;
- atores sociais condicionáveis ("agentes"). Estratégia utilitarista determinada em função das pressões do mercado e do setor e pelos valores dos dirigentes;
- pressuposto de convergência de interesses da comunidade organizacional. A organização segue um modelo ideal baseado na harmonia social e no desenvolvimento de uma estratégia "ótima" para atingir objetivos econômicos contingentes.

Além dessas características, a mudança organizacional é percebida como fruto de decisões estruturadas por uma diretoria central, a qual possuiria a totalidade das informações necessárias sobre as pressões setoriais e a estrutura da concorrência; o poder de definir a política a ser seguida e de decidir os melhores meios de ação tendo em vista os problemas da organização. A mudança normalmente é imposta *top-down* (Brabet, 1993).

Modelo Político de Gestão de Pessoas

O modelo Político de Gestão de Recursos Humanos (Brabet, 1993) foi criado a partir dos estudos sobre motivação de Herzberg e pelos estudos do Tavistock Institut, de Londres, que embasaram o movimento da "Democracia Industrial", surgido nos anos 1960 nos países escandinavos. Programas como o de melhoria das condições de trabalho, a humanização do trabalho e a reestruturação das tarefas (enriquecimento e ampliação), bem como a criação dos grupos semi-autônomos de produção são alguns dos movimentos inspirados nestas teorias (Herzberg, 1959; 1966). O debate político e a auto-organização eram valores defendidos dentro deste movimento.

O modelo diferencia-se do modelo Instrumental sobretudo pela incorporação da idéia de conflito e divergência, tendo em vista os diferentes interesses dos atores organizacionais. Reconhece-se a existência de várias lógicas de ator e critérios de ação válidos, tendo em vista o modelo da racionalidade limitada de Simon, segundo o qual toda a racionalidade é relativa ao ator social que decide, não existindo uma racionalidade absoluta inquestionável. Apesar de reconhecer-se a existência de conflitos na organização, os dirigentes buscam superá-los por meio da negociação, obtendo a coesão entre as partes envolvidas no processo de decisão. Um bom gerente, segundo esse modelo, é um árbitro que tem como objetivo obter essa coesão, integrando os interesses particulares dos diferentes grupos de atores sociais visando à obtenção de uma solução negociada com a direção da empresa, resultando em uma espécie de "pacto político".

As políticas de recursos humanos da empresa são vistas como mutantes e contingentes, sendo soluções temporárias e características de situações específicas a partir de um diagnóstico organizacional. Apesar disso, os profissionais da área pretendem organizar a GRH com base em um modelo ideal a ser concretizado a longo prazo, envolvendo o desenvolvimento qualitativo da mão-de-obra, a autonomia e a democratização das relações. Alguns dos exemplos dessas proposições são o manual de Beer et al. (1985), que descreve o curso da Harvard Business School e o manual de Weiss (1988), com um capítulo escrito por Morin.

Principais características do modelo político:

- eficiência econômica negociada, não correspondendo necessariamente à eficiência social a curto prazo (aceitação de conflitos, buscando-se no entanto absorvê-los pela negociação política);
- meio ambiente negociado e construído;
- avaliação dos resultados feita pelos grupos organizacionais envolvidos no processo de decisão;
- ator-chave de recursos humanos é a direção geral da empresa;
- empresa construída socialmente por meio da ação política dos diversos grupos organizacionais;
- decisões racionais e éticas referindo-se à resolução de conflitos, à obtenção do consenso e às questões de poder;
- indivíduos vistos como atores políticos válidos, com potencial de desenvolvimento positivo, buscando concretizar ativamente seus próprios interesses ("cidadania nas organizações"); modelo ético aplicado à organização. (Vasconcelos e Vasconcelos, 2001).

A mudança organizacional é percebida neste modelo como uma resposta a um ambiente negociado e estruturado pelas organizações do setor, as quais influenciam ativamente o rumo dos acontecimentos e dos fatos característicos de sua indústria. Os indivíduos são percebidos como atores participando e influenciando a mudança, nos seus diversos níveis de atuação. Considera-se que eles possuem naturalmente uma margem de manobra em seu nível organizacional e por isso a negociação é vista como necessária à boa implantação da estratégia. A organização é um espaço de jogo estratégico entre os atores sociais, que possuem margens de atuação maiores ou menores dentro dessa arena política. A mudança, implantando soluções sempre contingentes e temporárias, prevê a realização de objetivos de longo prazo como os da qualificação crescente da mão-de-obra, do desenvolvimento de habilidades e competências e o da democratização das relações no trabalho. O desenvolvimento econômico da empresa deve beneficiar, além dos acionistas, a sociedade global e os grupos organizacionais. Esse modelo está ligado ao conceito de progresso e construção de uma harmonia social a longo prazo, a despeito dos conflitos e divergências.

Como conclusão, podemos dizer que desde os trabalhos de Herzberg, nos anos 1960, provou-se que as organizações que estruturam políticas de gestão de pessoas que levam a identidades alienadas (por meio da aplicação do modelo instrumental unicamente) obterão menos comprometimento dos indivíduos, que tenderão a estratégias como se "esconder" atrás das regras, fazendo o mínimo e não desenvolvendo a sua capacidade cognitiva, não ajudando os processos de inovação.

Indivíduos que, no entanto, treinam a sua cognição e o contraditório são capazes de pensar e debater, desenvolvendo identidades mais autônomas. Eles tenderão a contribuir mais para as organizações no que se refere a comprometimento, inovação e aprendizado.

Modelo Estratégico de Gestão de Pessoas e Desenvolvimento de Competências no Grupo Organizacional

Como vimos anteriormente (p. 13-15), de acordo com Dutra; Hipólito e Silva há duas abordagens para o conceito de competência e seu aprendizado, a norte-americana entende competência como um conjunto de qualificações (conhecimentos, habilidade e atitude) que permite ao indivíduo chegar a um desempenho superior. Vários autores são partidários dessa linha em que as competências podem ser previstas ou estruturadas, permitindo um padrão de avaliação, e são desenvolvidas por processos de treinamento que ocorrem por interseção de três elementos: saber, saber fazer e saber agir. Em contraposição, a visão européia entende competência como **a expressão prática** de um conjunto de conhecimentos, habilidades e atitudes; como a capacidade do indivíduo mobilizar recursos para responder de maneira prática às situações com as quais se depara. Para autores europeus só faz sentido falar em competência de ação vinculada ao saber ser e ao saber mobilizar conhecimentos em diferentes contextos. Assim, o aprendizado de novas competências implica pôr em prática conhecimentos, habilidades e atitudes num novo ambiente, diferente dos contextos de domínio anterior, com maior complexidade e menor previsibilidade.

Uma gestão estratégica de pessoas (gestão por competências ou modelo "político-arbitragem gerencial) mapeará executivos que se destacam por desenvolver as competências de "executivos globais" que as multinacionais e grandes empresas e mesmo empresas menores, mas inovadoras, tanto necessitam. Esses indivíduos (normalmente das subsidiárias-filiais) serão selecionados para serem expatriados e desenvolverem as competências citadas na seção anterior, quando descrevemos o executivo global, esperando-se que possam ter sucesso em seu processo de expatriação.

O esperado é que em seu retorno ocupem posições de comando, façam a ligação entre as políticas da matriz e das filiais e gerenciem processos de transformação (abertura de filiais no estrangeiro; fusões e aquisições; processos de inovação etc.). Além disso, deverão ser agentes multiplicadores das competências que adquiriram durante o processo.

Essa corrente, pois, considera a expatriação como um instrumento de criação de competências.

Apresentaremos no próximo capítulo a corrente do "Poder", que foca na expatriação como desenvolvimento da capacidade estratégica do indivíduo e mostra que aquele que tem sucesso no seu processo de expatriação desenvolveu ou possuía a capacidade de negociação e inserção em novos jogos de poder.

Necessita-se, porém, separar a expatriação da matriz para a filial e da filial para a matriz, situações diferentes.

capítulo 2

A Corrente do "Poder": A Expatriação como Forma de Desenvolvimento da Capacidade de Ação Estratégica e Negociação dos Indivíduos

CONCEITOS GERAIS SOBRE PODER E AÇÃO ESTRATÉGICA

Os estudos sobre expatriação que seguem a corrente do "Poder" são de tradição francesa e se focam bastante no trabalho de Crozier e Friedberg. Outros autores, como Merton, Selzinick e Gouldner, são também citados, como veremos no decorrer desta revisão. Primeiro apresentaremos os conceitos, depois mostraremos como a expatriação desenvolve essas competências ligadas à ação estratégica.

No seu estudo sobre a burocracia francesa, Crozier mostra como as características das organizações que ele estuda (as regras impessoais, a centralização do poder de decisão, a estratificação dos indivíduos em grupos homogêneos e fechados etc.) induzem comportamentos nos grupos que reforçam ainda mais estas mesmas regras e estruturas, em um círculo vicioso. Tal fato ocorre independentemente da vontade dos grupos de mudar ou não o sistema (Crozier, 1964).

Crozier salienta ainda uma outra função da burocracia: evitar as relações pessoais e espontâneas, suscetíveis de produzir conflitos. A regra estrutura as relações entre os grupos, reforçando a impessoalidade na organização. Desta forma, mesmo se a regra provoca "disfunções", a despersonalização e a estruturação das relações asseguram o funcionamento do sistema evitando conflitos. Segundo o autor, independentemente dos problemas e disfunções do sistema, a burocracia seria um sistema que teria a sua funcionalidade e sua lógica próprias. A burocracia seria uma solução organizacional que tentaria evitar a arbitrariedade, o confronto entre os indivíduos e grupos e os abusos de poder.

Adota-se o pressuposto da racionalidade limitada de Simon, bem como o conceito de que o homem não necessariamente precisa estar consciente de suas estratégias de ação. Alguns elementos da análise crozieriana são os seguintes:

a) Ação Coletiva

Para Crozier, a ação social em grupo (a ação coletiva) não é um fenômeno natural. Trata-se de um construto social. A organização é uma estruturação da ação coletiva que visa oferecer soluções específicas para a concretização de objetivos do grupo social. As regras burocráticas correspondem a soluções criadas por atores sociais relativamente autônomos, que buscam regular e instituir a cooperação a fim de atingir objetivos e metas comuns ao grupo social. As soluções organizacionais são contingentes (indeterminadas e arbitrárias), mudam com o tempo e são relativas a cada grupo organizacional. Generalizações e modelos são limitados. Deve-se sempre observar as regras, características culturais e os jogos de ator de cada sistema organizacional.

b) Efeitos Inesperados (*Effets pervers*)

Os efeitos inesperados (ou não planejados) de uma ação nas organizações correspondem à descrição das disfunções burocráticas feitas também por autores típicos da análise da burocracia, como Merton, Gouldner, Selznick, entre outros. Eles devem-se ao fato de que existem, nas organizações, indivíduos com interesses múltiplos e divergentes, várias racionalidades e "lógicas de ator" igualmente válidas. No sistema organizacional, cotidianamente, os atores sociais tomam inúmeras decisões de acordo com seus interesses específicos. Cada decisão, em sua esfera, é perfeitamente racional, dentro do pressuposto da racionalidade limitada (o que não quer dizer necessariamente consciente, como vimos no capítulo anterior). O conjunto de decisões, no entanto, produz incoerências e incertezas no sistema organizacional.

c) Problemas da ação coletiva

As organizações são consideradas nesta corrente como soluções institucionalizadas e construídas por um grupo com interesses em comum. Trata-se de soluções artificiais que geram problemas de coordenação (os efeitos inesperados ou disfunções). A obtenção da cooperação entre diferentes atores sociais é um dos problemas principais da organização. Para Croizier, a integração dos indivíduos e grupos à organização se faz normalmente de três formas:

1. **A coerção** – quando os atores sociais submetem-se às regras organizacionais por serem obrigados ou por submeterem-se às pressões do sistema organizacional.
2. **A manipulação afetiva ou ideológica.**
3. **A negociação entre os grupos organizacionais.**

d) Conceito de organização

A organização é um sistema de jogos estruturados. As regras e estruturas organizacionais operam de modo indireto e não determinam o comportamento dos atores sociais, mas induzem jogos de poder e comportamentos. Os atores sociais podem colaborar ou não, buscando negociar melhores condições de inserção no sistema e obter maior controle de recursos, atendendo aos seus objetivos e interesses pessoais. No entanto, ao lutar pela realização de seus interesses pessoais, os atores sociais devem jogar a partir das opções fornecidas pelo sistema e, desta forma, estarão, mesmo dentro de nível mínimo, cumprindo em parte os objetivos organizacionais.

e) As Incertezas e o Poder

O controle dos recursos organizacionais é distribuído de modo desigual. As organizações dependem de recursos materiais, tecnológicos e de certos tipos de competência técnica para atingir suas metas formais. Alguns destes recursos são fundamentais para o funcionamento do sistema. Os atores sociais que controlam os recursos detêm maior poder. Esses recursos constituem "zonas de incerteza pertinentes". Os atores sociais que controlam as zonas de incerteza pertinentes, ou seja, que possuem as competências fundamentais para o funcionamento da organização, competências das quais a organização depende para o seu funcionamento e lucratividade, podem decidir colaborar ou não, disponibilizar esses recursos, competências técnicas e conhecimento ou não. Sempre existe a ameaça velada de esses profissionais não colaborarem e privarem o sistema de seus recursos fundamentais. Os atores sociais que controlam os recursos fundamentais para a organização poderão se impor aos outros, influenciando os rumos do sistema organizacional, ganhando maior poder. No entanto, as situações são contingentes e mudam. As zonas de incerteza de hoje não são as mesmas de amanhã. Quando uma tecnologia é substituída e um novo sistema implementado, quando ocorre a mudança organizacional, um novo sistema de regras e normas é criado. Novas competências tornam-se essenciais para a organização, e o novo sistema de regras deve contemplar o novo sociograma (alianças políticas e coalisões locais) ou seja, conferir maior poder para os indivíduos que detêm os recursos essenciais para o funcionamento da organização. A mudança organizacional redistribui as zonas de incerteza pertinentes e o controle de recursos, provocando logicamente resistências dos que se vêem privados de recursos, uma vez que a disputa por recursos na organização é um jogo de soma zero: como estes são limitados, quando alguns ganham, outros necessariamente perdem. A direção da organização deve gerir a mudança com cuidado, negociando soluções com os atores organizacionais que continuam detendo poder no sistema. Essas soluções são sempre contingentes e específicas porque os cenários e a distribuição de poder mudam. O impacto da resistência à mudança dos atores sociais será proporcional à sua importância para o funcionamento do sistema como um todo.

f) Mudança Organizacional e Aprendizagem

A mudança, dentro da perspectiva crozieriana, não é a implantação de um modelo mais racional, uma vez que todas as racionalidades são igualmente válidas e correspondem a interesses de jogo concretos. Para o autor, a mudança é um processo de criação coletiva pelo qual **os membros de uma dada coletividade inventam e fixam novas maneiras de jogar o jogo social da cooperação e do conflito, negociando interesses e instaurando uma nova estrutura e uma nova ordem social.** Não se trata apenas de uma mudança técnica, mas da instauração de novos jogos políticos, novas formas de controle de recursos, hábitos e práticas sociais que favoreçam a implementação efetiva da nova tecnologia, ferramenta ou modelos de gestão. Trata-se da construção de um novo sistema organizacional. **A contradição fundamental é que o novo sistema só pode ser construído a partir do sistema anterior, com o qual, no entanto, deve romper ao menos parcialmente, para instaurar uma nova distribuição de recursos e poder.** O sistema anterior fornece a maioria das competências disponíveis para a criação do novo. Deve-se, pois, coordenar a transição dos atores sociais para o novo sistema organizacional negociando soluções com os diversos grupos de atores sociais, dependendo da importância dos recursos que detenham. O modelo "político" de gestão de pessoas descrito anteriormente busca inspiração neste tipo de análise.

A CORRENTE DO PODER E OS ESTUDOS SOBRE EXPATRIAÇÃO

Os estudos sobre expatriação e poder, em sua maioria, encontram eco nos estudos de Crozier e Friedberg (1977), segundo os quais, quando num novo país os indivíduos expatriados estarão expostos a novos jogos e interesses diversos. Sua inserção na nova organização de destino e o seu sucesso **implicam discernir os jogos de poder existentes no novo contexto e desenvolver ações estratégicas que impliquem renegociações de interesses, que lhe permitam atingir seus objetivos. O interesse na colaboração e na negociação como fonte de obtenção dos objetivos e de sucesso são pontos relevantes nessa visão**.

De acordo com esse ponto de vista, são preponderantes as relações de poder entre os atores e os jogos estratégicos que governam suas interações na organização – vista pelos autores como um "reino de relações de poder e influência". Nesse contexto, são de fundamental importância as escolhas e decisões, vinculadas, para eles, a uma racionalidade limitada, relacionada à racionalidade do sistema e à racionalidade do ator.

Novas escolhas e decisões implicam mudanças – estruturação de novas formas de ação coletiva – que estão na base do processo de aprendizagem das novas competências (objetivo preponderante do processo de expatriação), processo esse que demanda ruptura com os "jogos" antigos.

Essas escolhas, o processo de ruptura e a renegociação de novos espaços de poder terão diferentes desafios em se considerando o contexto em que estão estruturados os jogos de poder e o movimento pelo qual passa o expatriado, que caracterizaremos aqui em dois vetores:

1. o movimento do expatriado da "periferia do poder" para a matriz;
2. o movimento da matriz para a "periferia do poder".

A marioria dos estudos pesquisados sobre expatriação distingue esses dois tipos de expatriação e são baseados nas seguintes hipóteses:

a) **Hipóteses Relativas aos Executivos que Vão da Matriz para a Periferia do Poder (Subsidiária)**

H1.a Os executivos que vêm da matriz para as subsidiárias ocupar posições de alta gerência já demonstraram capacidade de ação estratégica em seu país de origem, desenvolvendo alianças estratégicas de alto nível nos *headquarters*.

H1.b Essas alianças estratégicas lhes permitiram obter posições de comando nas subsidiárias.

H1.c Os expatriados que vão da matriz para a periferia do poder (subsidiárias) têm maior facilidade para se inserir nos "jogos de poder" locais nas subsidiárias.

H1.d Os funcionários das subsidiárias (normalmente subordinados) têm interesse em colaborar com esses expatriados para "ficarem bem" com o poder central da matriz por eles representado.

b) **Hipóteses Relativas aos Executivos que Vão da Periferia do Poder (Subsidiária) para a Matriz**

H1.a Os expatriados que vão da periferia do poder (subsidiárias) para a matriz das empresas têm mais dificuldade para se inserir nos jogos de poder da matriz do que os que vêm da matriz para as filiais.

H2.b Os expatriados que foram da periferia do poder (subsidiárias) para a matriz e conseguiram chegar com sucesso ao fim do processo de expatriação provavelmente desenvolveram alianças estratégicas na matriz, se inserindo nos jogos de poder locais.

É esta a habilidade predominante (conseguir desenvolver alianças estratégicas no país de destino, se inserindo entre os "poderosos" da matriz) que influenciará no sucesso da expatriação, mais do que qualquer outra variável, de acordo com essa corrente. A adaptação à cultura do país de destino não é relevante para esta corrente. O importante são questões ligadas às alianças estratégicas, capacidade de negociação e poder.

No caso de a segunda hipótese ser confirmada, os estudos concluem que, neste caso, fica claro que a expatriação permite ao indivíduo que vai da periferia para o centro do poder desenvolver a sua capacidade de ação estratégica, permitindo à organização selecionar executivos que provaram ter a capacidade de negociação e adaptação perante a mudança, além de conhecimentos e habilidades. Se estes executivos "derem certo lá fora" e voltarem tendo "cumprido sua missão", é porque possuem boa capacidade de adaptabilidade, mudança e negociação; logo, estão aptos, na volta, a assumir posições de comando.

Vários desses estudos concluem que a mudança e o aprendizado implicam ruptura com padrões culturais, formas relacionais, competências técnicas e com a estrutura de poder do sistema anterior.

Os indivíduos valorizados em um sistema por sua competência em torno de um dado produto perderão poder diante da criação de novos produtos, que vão substituir os primeiros como fator de sucesso da organização. Esses indivíduos deverão saber se rearticular do ponto de vista técnico, relacional e refazer a sua rede de alianças estratégicas.

Uma abordagem mais realista é a que leva em conta a necessidade de recrutar indivíduos com uma boa capacidade de ação estratégica, além de competências técnicas, relacionais e capacidade de aprendizado.

Indivíduos politizados, que saibam negociar, têm mais probabilidade de se comprometer com a mudança e com os novos sistemas organizacionais que acompanham a inovação do que indivíduos desprovidos de autonomia e senso crítico.

Logo, a expatriação, ao treinar esses indivíduos, está contribuindo para que a organização se torne uma "organização em aprendizado" e inovação.

Existe, no entanto, uma outra corrente que estuda aspectos da expatriação ligados à cultura e afirma que não se trata da inserção nos jogos de poder da matriz ou da filial o fator primordial de sucesso da expatriação de alguém, mas sim da adaptação do expatriado e de sua família à cultura do país de origem. Esta será a variável primordial que determinará se a expatriação terá sucesso ou não. Descreveremos esta corrente a seguir.

capítulo 3

A Corrente da Cultura: A Adaptação Cultural como Determinante do Sucesso da Expatriação

CONCEITOS GERAIS: A ORGANIZAÇÃO COMO ESFERA CULTURAL E SIMBÓLICA

Segundo esta corrente, pode-se caracterizar a organização como um contexto cultural e simbólico. Para fazê-lo, essa corrente usa a abordagem antropológica interpretativa e algumas de suas críticas mais importantes. Cultura pode ser entendida como conjuntos de representações em cujos contextos os eventos, ações, objetos, expressões e situações particulares ganham significados. Cultura são os padrões de significação que conferem sentido à interação humana. Clifford Geertz, o mais importante expoente da antropologia interpretativa, defende um conceito de cultura essencialmente semiótico. Como diz Geertz (1989, p. 15), "acreditando, como Max Weber, que o homem é um animal amarrado a teias de significados que ele mesmo teceu, assumo a cultura como sendo estas teias e sua análise". Metaforicamente, o autor entende a cultura como um texto ou um conjunto de textos lidos pelos atores sociais, que dão sentido a suas ações sociais.

Ao discutir a proposta interpretativa de Geertz (1989), Thompson (1995) sustenta ainda que os fenômenos culturais estão inseridos em contextos e processos socialmente estruturados, implicados em relações de conflito e poder. Os indivíduos pertencem a esferas distintas da estrutura social, têm diferentes posições na sociedade, e possuem, portanto, capitais econômicos, culturais e sociais diferentes. Desta maneira, eles constroem interpretações distintas dos fenômenos simbólicos, já que possuem diferentes percepções, biografias, interesses e papéis. Thompson (1995) argumenta ainda que os fenômenos culturais devem ser analisados levando-se em conta os contextos sociais estruturados, dentro dos quais eles são produzidos e interpretados, já que os atores sociais lêem o mundo a partir da posição que ocupam na estrutura social. Utilizando-se da metáfora dos textos de Geertz (1989), Thompson (1995) diz que, como os textos literários, os leitores constroem interpretações distintas por possuírem conhecimentos prévios diferentes.

O conceito de cultura descrito brevemente pode ser aplicado aos contextos organizacionais. Em uma organização, a cultura pode ser definida como os conjuntos de representações e estruturas de significação renegociadas constantemente pelos membros da organização a partir dos quais eles dão significado às suas ações, no contexto de sua interação social. Desse modo, a cultura organizacional não pode ser considerada um sistema fechado de valores que serve como roteiro para a ação naquele contexto, mas sim conjuntos de significados criados e recriados constantemente, segundo os quais os indivíduos, inseridos em contextos sociais estruturados, dão sentido à sua experiência e organizam sua interação social.

Ao utilizarmos o conceito interpretativo de cultura, percebemos facilmente que os padrões culturais encontrados dentro de uma organização relacionam-se de forma estreita aos contextos socioculturais nos quais seus membros se inserem. Isso acontece porque esses grupos sociais formam sua concepção de mundo a partir das experiências em diversas esferas da vida cotidiana e estão inseridos de forma desigual na estrutura social. Desta maneira, grupos sociais imersos em contextos socioculturais diferentes interagem segundo padrões distintos. Esta é uma das chaves para se explicar o aparecimento de subculturas em uma organização. Como coloca Morgan (1996), existem freqüentemente nas organizações sistemas de valores diferentes, responsáveis pela formação de um mosaico de realidades organizacionais em lugar de uma cultura organizacional única.

Podemos dizer, portanto, que os padrões de cultura organizacional são a base para o estabelecimento de todas as práticas sociais em uma organização, já que a partir destes padrões seus membros organizam sua interação social. Isso quer dizer que os sistemas de valores negociados pelos grupos são a base para que as práticas sociais ganhem significados específicos, sejam compreendidas e valorizadas de maneiras específicas (Fleury e Fischer, 1992). Uma prática social em uma organização é compreendida e valorizada de determinada maneira dependendo das particularidades do contexto cultural na qual a prática encontra-se inserida.

Detalhando os Conceitos: O Interacionismo Simbólico, "A metáfora teatral" e o Homem enquanto "Ator Social"

De acordo com Berger e Luckmann (2003), teóricos importantes desta corrente, devemos compreender a sociedade como uma realidade objetiva e concreta e, ao mesmo tempo, também considerá-la uma realidade subjetiva, construída por nós. Isso significa dizer que, quando nascemos, o mundo nos é apresentado como algo objetivo e concreto, algo que está lá, independente de nossa vontade, como um universo composto de organizações, normas, regras e instituições já prontas e acabadas, que nos cabe apenas aceitar.

Trata-se do fenômeno de "reificação" da realidade:[1] percebemos as organizações, regras, normas, ou seja, a sociedade e o mundo como objetos e construtos já prontos. Na verdade, esses elementos são artefatos culturais, fabricados pelos atores sociais. A sociedade não é um elemento já pronto e acabado, como parece à primeira vista. Nós construímos a sociedade e a sociedade nos constrói ao mesmo tempo. Assim, ao nos expressarmos, influenciamos os outros indivíduos e também somos influenciados. Baseados no que acreditamos, tomamos nossas decisões e agimos, construindo o mundo à nossa volta. Neste sentido, somos atores sociais – indivíduos que agem e transformam o universo no qual vivem. Pode-se dizer, assim, que o indivíduo exterioriza seu ser no mundo social e interioriza este como realidade objetiva, em uma relação dialética com o mundo social.

O Processo de Socialização

A socialização é o processo pelo qual somos introduzidos ao mundo e à sociedade em que vivemos, interpretando e incorporando em parte os seus padrões culturais, constituindo assim os elementos básicos de nossa personalidade.

A socialização implica dois movimentos: a internalização – a incorporação por nós dos padrões, regras, valores e papéis sociais predefinidos e que nos são apresentados como dados objetivos da realidade; e a externalização – quando nos exprimimos e agimos em sociedade com base no que somos e acreditamos, influenciando o mundo ao nosso redor e o modificando.

A socialização divide-se em socialização primária e socialização secundária:

---

[1] O fenômeno de "reificação" da realidade seria o equivalente a dizer "coisificação" da realidade. Percebemos os elementos que compõem a sociedade–organizações, regras e normas, como algo já pronto, que existe antes de nós e que nos cabe aceitar como nos é apresentado, como uma "coisa" ou um artefato já pronto. Na verdade, as organizações, regras e normas são elaboradas por seres humanos e por eles podem ser modificadas. Elas não são, pois, imutáveis.

a) A socialização primária

O processo de socialização primária é aquele em que o indivíduo torna-se membro da sociedade a partir do contato com seus outros significativos, ou seja, com seus pais e parentes, pessoas próximas, que "mediatizam" o mundo para ele, apresentando-o como realidade objetiva, selecionando aspectos que consideram importantes a serem transmitidos de acordo com sua posição na estrutura social e em função de suas idiossincrasias e racionalidades próprias (Berger, 2000). Desta forma, os atores sociais incorporam (internalizam) os primeiros elementos que irão constituir os seus padrões culturais de base, a sua "visão de mundo" – a maneira como percebem e interpretam a realidade.

b) A socialização secundária

Na socialização secundária, dizem Berger e Luckmann (2003), passamos a conviver com outros significativos – outros indivíduos além do nosso círculo familiar. Vizinhos, colegas da escola e professores, colegas de trabalho, apresentam outros modos de pensar e outras formas de comportamento que passam a nos influenciar. Normalmente, a socialização secundária se inicia em nosso contato com organizações às quais passamos a pertencer – escola ou trabalho.

A internalização de conhecimentos técnicos e profissionais, com vocabulários e formas de comportamentos específicos, faz parte da socialização secundária. Esta, no entanto, começa mais cedo, desde que a criança passa a compreender que não só a mãe ou o pai ou membros do seu círculo familiar esperam que ela se comporte de uma certa forma. A sociedade em geral fornece regras e normas de comportamento que devem ser seguidas, papéis sociais que devemos desempenhar. Cada um desses papéis possui, associado, um conjunto de expectativas e modos de comportamento. A sociedade espera coisas diferentes de nós quando nos comportamos como filhos, como alunos ou como colegas. Cada papel tem, associado, um vocabulário específico, o seu próprio *script* – o seu próprio texto e forma de expressão.

O papel oferece o padrão socialmente aceito segundo o qual o indivíduo deve agir em uma situação ou em outra. Gofmann (1959) define papel como uma resposta tipificada a uma expectativa tipificada. Assim, por exemplo, um homem pode ter vários papéis: o de marido, o de pai, o de professor, o de colega de trabalho etc. – e, ao desempenhar cada um destes papéis, age de forma diferente, utiliza expressões verbais, não-verbais e gestos próprios à sua interpretação.

A partir da socialização secundária, descobrimos um grande número de comportamentos e papéis que a sociedade espera que desempenhemos no decorrer de nossa vida. De acordo com as influências que recebemos em nossa socialização primária e secundária, incorporamos certas expectativas de papel: formamos conceitos do que podemos esperar de cada tipo de pessoa, de como devemos nos comportar em cada tipo de situação e com quem, do que devemos esperar "ser" na nossa vida – dos papéis que desempenharemos em nosso futuro.

Desta forma, podemos concluir que nossa cultura (valores, crenças, gostos etc.) e a nossa identidade (o que somos) não são elementos preexistentes: eles dependem de atos de reconhecimento social, do desempenho de nossos papéis e da aceitação de nosso grupo de referência. Como analisa Berger (2000), nós somos aquilo que os outros crêem que sejamos, tal qual o reflexo de um espelho. Isso não significa que não tenhamos características próprias com as quais nascemos, que fazem parte de nossa herança genética. No entanto, a margem para a formação social dentro desses limites genéticos é bastante grande, como salienta Berger:

> As identidades são atribuídas pela sociedade. É preciso ainda que a sociedade as sustente, e com bastante regularidade. Uma pessoa não

pode ser humana sozinha e, aparentemente, não pode apegar-se a qualquer identidade sem o amparo da sociedade. (Berger, 2000, p. 114)

Conseqüentemente, em nossa vida, somos influenciados pelos reconhecimentos ou não-reconhecimentos que recebemos. Trabalhamos melhor quando estimulados pelos superiores. Tal qual atores em um palco, desempenhamos melhor nossos papéis quando a platéia mostra sinais de que está gostando do espetáculo e somos influenciados em nosso desempenho pela percepção do fracasso de nossa representação.

Socialização Primária e Socialização Secundária: Papéis e Atores Sociais

De acordo com o Interacionismo Simbólico (Berger e Luckmann, 2003), as influências que recebemos em nossa socialização primária fornecem os elementos de base que constituem o núcleo central de nossa personalidade e são mais difíceis de serem mudadas: esses elementos pré-estruturarão a nossa percepção da realidade e nos influenciarão a vida toda. No entanto, os elementos culturais (valores, formas de comportamento etc.) que incorporamos durante a socialização secundária são mais superficiais, mais fáceis de serem mudados a partir de outras experiências e do aprendizado heurístico (por ensaio e erro), quando passamos a questionar alguns de nossos valores e hábitos e a incorporar outros. Nesse sentido, podemos dizer que não temos uma cultura. Somos uma cultura. Somos um conjunto de padrões culturais que constituem a nossa identidade e nos fornecem os elementos básicos de nossa personalidade.

Em resumo, os indivíduos apreendem os significados e se relacionam com os outros mediante esquemas tipificados ou papéis sociais, verdadeiros *scripts* e códigos de conduta. Os papéis regulam a interação entre os indivíduos e lhes fornecem expectativas recíprocas tendo em vista os diversos contextos sociais que experimentam em sua vida quotidiana. Os papéis tornam habituais certos tipos de comportamentos em determinadas situações e interações sociais. Dessa forma, e como já foi dito, os atores sociais tendem a agir de acordo com certos padrões preestabelecidos socialmente e por eles incorporados em sua socialização primária, padrões que pré-estruturam a sua ação, mas não a determinam. Os atores sociais identificam o tipo de contexto social vivido em sua experiência atual, interpretam a situação e procuram em seu repertório qual o tipo de papel, código de conduta e linguagem adequados ao cenário em questão, agindo em função deste referencial (Gofmann, 1959). Esse autor ressalta ainda os diferentes tipos de repertório e conjunto de papéis incorporados por grupos sociais distintos. Ele faz referência, no entanto, à existência de padrões comuns que tornam possível a convivência de diferentes estratos da sociedade, formando um sistema social mais amplo.

No interior do estoque comum de conhecimento relativo a um grupo social, existem tipos de papéis que são acessíveis a todos os membros da sociedade, ou ao menos aos atores potencialmente aptos a representá-los. Assim, o estoque de conhecimentos de uma sociedade é estruturado em termos do que é pertinente ou do que não é pertinente para certos tipos de papéis específicos correspondendo a certo tipo de ator social.

Dependendo dos papéis que representa, o indivíduo é levado a interiorizar certos modos específicos de conhecimento e acumular certas informações, não somente do ponto de vista cognitivo, mas também emocional. Ele incorpora certos tipos de emoção, ética, valores e normas característicos dos papéis que desempenha e que interiorizou. Como podemos apreender do que dizem Berger e Luckmann (2003), desde que os comportamentos dos atores sociais são tipificados em determinados papéis, a obediência ou não aos tipos de papéis socialmente definidos deixa de ser opcional, ainda que a severidade das sanções possa variar segundo cada caso.

Os papéis representam a ordem institucional. É somente por meio das representações dos atores ao executar seus papéis que a instituição se manifesta na experiência real. A instituição, com o seu conjunto de ações programadas, é como o roteiro não escrito de uma peça de teatro. A direção da peça depende da execução reiterada dos seus papéis prescritos por atores vivos. Os atores encarnam os papéis e realizam o drama interpretando-o em uma dada cena. Nem a peça e nem a instituição existem empiricamente fora desse contexto.

Agora que apresentamos os conceitos gerais da corrente, apresentaremos as bases dos estudos sobre cultura nacional que embasam os estudos sobre expatriação. Focaremos os trabalhos de Philippe D'Iribarne porque este autor, em suas proposições, desafiou a corrente do poder reforçando ser a adaptação à cultura nacional do país de destino o fator fundamental para o sucesso nestes processos de expatriação.

Alguns dos estudos mais relevantes pesquisados seguiam essa linha de argumentação.

GESTÃO DE EMPRESAS À LUZ DAS TRADIÇÕES NACIONAIS E SEU IMPACTO NOS PROCESSOS DE EXPATRIAÇÃO

Uma vez compreendida a dimensão da organização num contexto de interacionismo simbólico, é importante entender quais fatores desse contexto podem interferir nos processos de adaptação daqueles que nele se inserem. Uma primeira abordagem que vamos explorar diz respeito à influência das tradições nacionais.

Buscamos em Philippe D'Iribarne (1993) os pontos-chave para essa análise, especialmente em sua obra *La logique de l'honneur*. Nessa obra, D'Iribarne coloca em evidência os modelos nacionais de funcionamento e gestão de empresas, a partir de uma análise comparativa de três fábricas de uma mesma empresa, localizadas na França, nos Estados Unidos e na Holanda.

Em seu estudo, D'Iribarne acrescenta uma dimensão histórica a outros estudos do gênero que tratam de traços culturais. Para ele, há tradições próprias a cada país, originadas em fundamentos políticos e religiosos que perduram durante muitos anos. Essas tradições modelam o que o povo de um país reverencia ou rejeita.

D'Iribarne coloca-se em oposição a outros autores, como Parsons (1970) e Crozier (1981). Parsons tem a visão da cultura como um sistema de valores que evolui com o tempo, e para Crozier existe uma capacidade de aprendizagem cultural, que também evolui com o tempo, transformando o modo de funcionamento das organizações. Para esses autores, qualquer tipo de continuidade supõe a ausência dessa aprendizagem.

Para D'Iribarne (1993), a cultura "é antes de tudo linguagem, código", é um contexto que fornece um referencial, que permite aos diferentes atores sociais dar sentido ao mundo onde vivem, definindo princípios de classificação que permitem à sociedade se organizar em grupos distintos e em categorias profissionais. A cultura influencia as orientações particulares que permitem os jogos estratégicos. Dessa forma, não há interesses e desejos puramente "naturais", independentes dos significados relacionados ao objeto desse próprio jogo. São as formas de oposição existentes em cada cultura que levam a uma certa estruturação de interesses. D'Iribarne defende que a continuidade de cada cultura, mesmo que coexistindo com múltiplas evoluções, vem da estabilidade do sistema de oposições fundamentais sobre o qual ela está constituída. Para ele, continuidade cultural não é incompatível com evolução da sociedade e das organizações.

D'Iribarne exemplifica essa sua posição com o caso francês: a oposição nobre/comum na França continua ao longo de sua história, mesmo que a referência do que seja nobre ou comum tenha mudado ao longo do tempo. Nesse mesmo sentido, D'Iribarne indica que a "aristocracia do sangue" na França moderna foi substituída pela "aristocracia do talento", marcada pela criação das grandes escolas, mas o senso de oposição entre quem faz e quem não faz parte dessa aristocracia permanece o mesmo. A noção, dentro das organizações, de *cadre*, tipicamente francesa, é uma outra forma de evolução da oposição nobre/comum, trazendo a diferenciação de um nível de responsabilidade social superior aos que detêm essa classificação, em relação aos demais que detêm "apenas" o título de "empregados".

Tais aspectos remontam a longa data, segundo D'Iribarne, que evoca Montesquieu e Tocqueville para trazer luz à alguns pontos da cultura francesa. Mas para ele, apesar de as raízes de alguns desses pontos remontarem à Idade Média, eles estão presentes de diferentes formas na cultura atual. Dentre eles pode-se destacar:

- a lógica da honra e da moderação: na qual cada pessoa é julgada de acordo com sua condição na sociedade, cada grupo tem sua concepção de responsabilidades e de direitos;
- uma sociedade de "ordens": a divisão da sociedade francesa é constituída de múltiplos grupos, cada um com suas próprias regras, cada um com seu próprio sentido de hierarquia, de privilégios;
- um senso de dever e desejo de liberdade dentro de uma sociedade de ordens.

Por conta desses aspectos, D'Iribarne fala que na França "a lógica da honra é tão exigente nos deveres que prescreve como nos privilégios que permite".

Diz D'Iribarne que, para haver alguma chance de sucesso, aqueles que buscam transformações devem considerar que suas ações reformadoras devem fazer sentido aos olhos daqueles que eles "enfrentam no combate", e o que faz ou não sentido diz respeito às referências fundamentais daqueles que se quer convencer. Logo, tomar essas referências em consideração na busca da transformação, segundo D'Iribarne, é de alguma forma contribuir com a perenidade dessas referências fundamentais. Para ele, viver em sociedade é, ao mesmo tempo, ter uma "reverência" pelas tradições, mas também exercer uma capacidade inventiva e de criação.

Transferindo as observações e conclusões de D'Iribarne para o contexto de expatriação, podemos entender que, nesse processo, o que definimos por sucesso do expatriado (no âmbito do cumprimento dos objetivos e prazo acordados para o período de expatriação) passa obrigatoriamente por sua compreensão e adaptação ao novo contexto cultural. Se considerarmos que D'Iribarne diz que gerir uma empresa é respeitar a cultura nacional na qual ela se inscreve, conseguir resultados numa nova cultura, como sendo um dos desafios/objetivos dos expatriados, é identificar o que move a ação nessa cultura, agir dentro desse contexto, e atuar na mesma direção. Diz o autor que, se compreendermos o que estimula essas pessoas (na organização), abrem-se os caminhos para a ação.

Em resumo, na corrente "culturalista" os aspectos culturais teriam um papel preponderante no sucesso da expatriação. O expatriado e/ou sua família, caso se adaptassem bem à cultura do país de destino e ao imaginário simbólico do destino, seriam mais "aceitos" e teriam maior probabilidade de ter sucesso na expatriação. A família ou companheiro(a)/cônjuge, ao acompanhar o expatriado, exerceria pressões de ordem emocional que poderiam influenciar fortemente no sucesso da expatriação. Dentre os estudos pesquisados, os de Richardson e Rullo (1992),

Rushing e Kleiner (2003), Baruch e Altman (2004), entre outros, comprovam estas conclusões.

Existe ainda uma terceira corrente, "Psicodinâmica", que trata dos fenômenos afetivos, das reações defensivas, ligadas ao processo de expatriação. Estes fatores seriam às vezes considerados "irracionais", mas influenciariam o sucesso ou fracasso do processo de expatriação – a maneira como a pessoa lida com emoções, reações defensivas, como as controla e passa pelas "fases" descritas nos estudos.

capítulo 4

A Corrente Psicodinâmica e a Expatriação

CARACTERÍSTICAS GERAIS: O MODELO DE GESTÃO DE PESSOAS E O MODELO ORGANIZACIONAL SUBJACENTE

Esta corrente está ligada a um modelo de gestão de pessoas chamado modelo transformacional e a uma linha de pesquisa crítica cujas principais características veremos a seguir.

O modelo transformacional trabalha com a gestão de aspectos contraditórios característicos da vida atual e é o mais crítico dos três modelos aqui apresentados (considerando o modelo instrumental e o modelo político apresentados no Capítulo 2). Ele coloca em questão os dois tipos de harmonia que embasam os dois modelos anteriores: a harmonia individual e a harmonia social.

Assim, no modelo instrumental, e no modelo político, os indivíduos, na empresa, são movidos por uma dupla lógica: uma lógica utilitarista, que os leva a tentar atingir objetivos econômicos, e uma lógica de realização pessoal, que os considera como seres buscando o desenvolvimento de suas potencialidades e de suas responsabilidades. O modelo transformacional, no entanto, afirma a ambivalência e a contradição interna, os aspectos psíquicos, a complexidade dos processos de socialização, fenômenos simbólicos e inconscientes.

O modelo transformacional critica também o pressuposto da harmonia social que embasa os dois modelos precedentes, que propõem um modo de regulação macrossocial ao qual se integram as empresas. O modelo instrumental e o modelo político propõem de fato processos quase espontâneos (tipo "mão invisível-mercado" e/ou funcionamento democrático da sociedade). O modelo transformacional, no entanto, denuncia a inadequação desses modos de regulação salientando as contradições de nosso sistema econômico.

O modelo transformacional ressalta a interdependência entre a sociedade e as organizações e o processo dialético de construção-desconstrução que constitui a evolução conjunta destes dois níveis, em uma interestruturação constante, baseada em interações contínuas.

A administração de recursos humanos e seu discurso são objeto de análise sócio-histórica bem como a evolução de seu discurso, que é sempre relativizado e colocado em perspectiva pelo modelo transformacional.

O modelo transformacional propõe a extensão da participação dos atores sociais no processo de decisão, tendo em vista que um maior número de indivíduos dotados de maior autonomia estão implicados na evolução dos campos social e organizacional, os quais estão interconectados. O respeito à ética democrática deriva assim do envolvimento coletivo no processo dialético de construção/desconstrução que caracteriza a mudança.

Dentro deste modelo, os teóricos propõem soluções que consideram a ação dos indivíduos por uma ótica menos racionalizada que nos modelos anteriores. A mudança implica uma dialética da ordem e da desordem que coíbe a implantação autoritária de programas rígidos. Ações de observação social, projetos negociados de forma provisória, estruturação de espaços transitórios de experimentação social e de pesquisa-ação são propostos neste modelo. Propõe-se assim um tipo de "gestão da desordem", dos aspectos contraditórios que caracterizam uma realidade social sempre mutável caracterizada por paradoxos irreconciliáveis. Esse modelo se afasta de proposições que pregam apenas a gestão das coerências racionais entre grupos, indivíduos e estruturas organizacionais.

O modelo transformacional, no entanto, é ambicioso à medida que não assume uma posição conformista quanto ao *status quo*, propondo a sua contínua invenção e reinvenção, redefinindo novas formas de organização, de relações entre indivíduos, grupos, empresas e sociedade, recusando modelos totalitários de mudança. A contingência de cada situação é sempre relembrada, criando um modelo no qual a especificidade de cada forma de representação e de cada racionalidade é vista como correspondendo ao contexto estratégico, cultural e socioeconômico no qual a organização está inserida.

Em resumo, o modelo transformacional define que:

- a organização é constituída por atores sociais, sendo considerada um sistema psicológico, político e histórico;
- a organização apresenta convergências e divergências essenciais, frutos de uma dialética de evolução contínua, a ser gerida em permanência;
- os atores são ao mesmo tempo racionais e irracionais, possuindo pulsões de vida e de morte (Eros-Tanatos);
- os referências teóricas são múltiplas (sociologia, economia, história, psicanálise, psicologia cognitiva, construtivismo, filosofia etc.);

- a postura metodológica é eclética, adotando, entre outros, a análise crítica e discursiva, comparativa e histórica, pesquisa-ação;
- a eficiência econômica é diferente da eficiência social, gerando conseqüências diversas;
- o meio ambiente é socialmente construído;
- observa-se a valorização da diversidade cultural e dos aspectos éticos da decisão;
- a mudança é simultaneamente central e local (ordem/desordem);
- as decisões são contingentes, não existindo modelo ideal de comportamento e de estrutura organizacional.

Modelo Transformacional e Ética

Observa-se, nas proposições do modelo transformacional, uma mudança ética:

- A valorização de uma ética baseada na comunicação e na argumentação, na articulação de diferenças culturais e na elaboração coletiva de um projeto de empresa (Pesqueux et al., 1999; Sainsaulieu, 1977; Heckscher, 1999; Apel, 1994; Habermas, 1992; Vasconcelos e Vasconcelos, 2000).
- A criação de "espaços organizacionais" protegidos ou "zonas de experimentação", onde se permita aos atores organizacionais ajustarem-se às transformações contínuas da organização e contribuírem de forma válida com o processo de mudança. A mudança aqui é dialética, feita a partir das contradições e paradoxos. A existência dessas contradições provocam reações afetivas e defensivas típicas da mudança. A representação bipolar da realidade em "pólos opostos" e contraditórios faz parte da mudança e lidar com essas polarizações faz parte do papel dos "agen-

tes de mudança", que trabalham com negociação de cenários possíveis, espaços de transformação identitária e de significados, a fim de lidar com as reações afetivas (Schein e Kets de Vries, 2000; Sainsaulieu, 1977).

DETALHANDO CONCEITOS: MUDANÇA DIALÉTICA, PARADOXOS E CONTRADIÇÕES

Os trabalhos de autores do Tavistock Institut, como Eric Trist, Harold Bridger, Elliot Jacques, Kennet Rice, Eric Miller, Wilfred Bion, Melaine Klein, entre outros, são retomados por autores atuais dentro da perspectiva dos estudos sobre paradoxos e seus efeitos. Autores atuais como Kets de Vries (1995), Schein e De Vries (2000); Frost e Robinson (1999), Larry Hirschhorn (1997), Yiannis Gabriel (1999), Michel Diamond (1993) fundaram a International Society for the Psychoanalytic Study of Organizations, e o tema paradoxos organizacionais tem sido recorrente em seus trabalhos. Em uma linha de estudos de origem francesa, autores como Christophe Dejours (1987), Enriquez (1991), Vincent de Gaullejac e Pagès (1987), Alain Chanlat e Jean-François Chanlat (1996) tratam deste tema. A linha da psicodinâmica tende a estudar os efeitos dos paradoxos para as organizações e para os indivíduos. Antes de rever os estudos atuais, será feita uma breve revisão dos clássicos que fundamentam os trabalhos atuais sobre o tema.

Segundo esses estudos e essa linha de argumentação, a representação ambígua e paradoxal da realidade é algo constitutivo da mente humana. Baseando-se nos trabalhos de Freud sobre a ambigüidade de pulsões que caracteriza todo ser humano, dividido entre a pulsão de vida (Eros) e a pulsão de morte (Tanatos), entre os pólos de construção e desconstrução, Melanie Klein mostra que o ser humano, desde criança, tem de lidar com esta dualidade e polaridade básica, buscando um equilíbrio contínuo entre as duas dimensões representadas pelo *id* e pelo *superego*. Melanie Klein mostra como o adulto constrói sua vida psíquica a partir da construção de sua afetividade desde a infância. Assim, das estruturas que compõem a personalidade, id, ego e superego, o ego seria o princípio de realidade, parte organizada da personalidade, que procura unir e conciliar as reivindicações do id (instintos, fantasias e desejos) com as do superego (moral e regras sociais do mundo externo). Assim a personalidade básica do indivíduo já é estruturada sobre uma estrutura polarizada.

Elliot Jacques (1955), a partir dos estudos de Melanie Klein, mostra que a organização na qual o indivíduo trabalha, por ser fonte de recursos, reconhecimento e recompensas, e também fonte de privações, frustrações e punições, **é percebida pelo indivíduo de forma ambígua e dual**, ao mesmo tempo como um objeto "bom" e um objeto "mau", "positivo" e "negativo" etc. Para sobreviver e permanecer na organização, o indivíduo tende a reduzir a bipolaridade de suas percepções lidando com estas duas dimensões e apegando-se ao aspecto "positivo" da sua percepção, fazendo uma síntese de seu paradoxo. Trata-se do fenômeno da clivagem ou separação de pulsões do qual falam os autores. Essa polarização, sendo constitutiva da percepção humana, ocorre sempre. O indivíduo ou grupo de indivíduos faz a síntese de uma polarização e logo outra ressurgirá, em uma atividade contínua.

Transpondo essas constatações para a realidade organizacional, outros estudos mostram que, especialmente em processos de reestruturação e mudança organizacional (quando estão sendo questionados vários procedimentos e modos de organização), tanto as representações polarizadas e paradoxais da realidade bem como as reações defensivas – o estresse e a angústia que costumam acompanhar essas representações cognitivas – tendem a aumentar, pois os indivíduos se sentem ameaçados e tentam compreender e lidar com a realidade simplificando-a (Kets de Vries, 1995; Lane e Bachmann, 1998).

O estresse tende a aumentar em caso de mudança de regras porque as estruturas burocráticas "protegem" e oferecem segurança. De fato, as regras oferecem um caminho certo e seguro para os indivíduos, que estruturam suas vidas em torno delas buscando segurança e proteção (Diamond, 1993). A mudança nas regras produz insegurança e estresse. Por outro lado, as estruturas burocráticas também "sufocam", e os indivíduos projetam os seus desejos por novas realidades em seu desejo por mudança. A busca por segurança e a busca por dinamismo são dimensões opostas que se alternam nas organizações (Gabriel, 1999).

Com base na constatação do aumento das representações paradoxais, da angústia e do estresse em processos de mudança organizacional, muitos trabalhos argumentam que os indivíduos sob pressão podem ficar prisioneiros de representações paradoxais que os bloqueiam, os impedem de decidir e impedem a sua ação, o que pode ser prejudicial para sua saúde mental, pois tais bloqueios produziriam ainda mais estresse, um círculo vicioso (Dejours, 1987; Enriquez, 1997).

Outros estudos tratam dos efeitos desses bloqueios afetivos em nível organizacional – os bloqueios afetivos derivados dessas representações paradoxais da realidade impedem o processo de mudança organizacional de concretizar-se, com conseqüências negativas para o grupo (Caldas e Wood Jr., 1999; Chanlat, 1996).

Outros estudos argumentam ainda que, dado este contexto, é fundamental reconhecer e lidar com a resistência organizacional e com bloqueios afetivos gerados pelos mecanismos de defesa e pelas contradições que envolvem a mudança, dentro de um modelo psicodinâmico de intervenção (Hirshhorn, 1997; Kets de Vries, 1995; Brown e Starkey, 2000).

Os paradoxos e conflitos gerados por eles não são considerados "bons" ou "maus" na maioria destes estudos. Podem ser positivos para os indivíduos e negativos para a organização ou vice-versa, dependendo do ponto de vista. Mesmo que a polarização no caso específico se resolva, esta tende a renascer tanto para o indivíduo como para a organização em um outro patamar, mais tarde, pois trata-se de um elemento constitutivo da realidade humana.

Alguns estudos sugerem três formas de lidar com paradoxos, formas estas que podem estar inter-relacionadas:

- **Aceitação** – Alguns pesquisadores como Scheneider (1990), Cameron e Quinn (1998), Murnigham e Conlon (1991), entre outros, advogam que a aceitação da dualidade e da ambigüidade faz parte da realidade organizacional e que lidar com dimensões opostas, incoerentes e com a tensão decorrente deste estado faz parte da realidade atual, cada vez mais complexa e ambígua. Os indivíduos podem resolver questões pontuais, decidir e agir, porém a dualidade e a polarização voltarão em um momento posterior, como parte constitutiva do processo evolucionário do indivíduo e da organização. Logo, a convivência com tensões provocadas por pólos opostos coexistindo em um mesmo momento, tanto no indivíduo quanto no grupo ou na organização, e a aceitação dessas dualidades fazem parte do processo evolutivo. A renúncia ao sonho do controle absoluto e da busca perfeita por coerência e harmonia no sistema social faz parte desta proposição.

- **Confrontação** – A destruição do paradoxo e da bipolaridade pelo apego a uma das dimensões, seja seu pólo "positivo" ou "negativo". Estudos em psicodinâmica, desde os clássicos até os mais atuais, confirmam o fato de que os indivíduos, em um dado momento, podem possuir representações da organização mutuamente excludentes – a organização pode ser percebida assim simultaneamente como um objeto "bom", fonte de recompensas, e um objeto "mau", fonte de frustrações. Essa percepção simultânea e antagônica do mesmo objeto gera uma reação defensiva (fenômeno de clivagem) que leva o indivíduo ou grupo a separar as projeções positivas das negativas e apegar-se a uma delas.

O indivíduo ou grupo se apegará às pulsões positivas para sobreviver dentro do sistema organizacional e nele permanecer ou se apegará ao pólo negativo para justificar seu desligamento. Os estudos tratam de várias reações defensivas como regressão, formação de reação, negação, isolamento, clivagem, racionalização ou sublimação. Essas reações defensivas são mecanismos inconscientes para lidar com o estresse provocado pela dicotomia e polarização de pulsões, que, na verdade, são formas de percepção da realidade e projeções subjetivas. Esses processos podem gerar bloqueios afetivos temporários nas organizações, impedindo os indivíduos ou grupos de agir, gerando resistência organizacional, limitação da comunicação entre grupos e afetando o sistema social de modo geral. Os estudos mais críticos descrevem esses fenômenos apenas e se opõem a qualquer intervenção, por considerar que estes são fenômenos complexos. Outros pesquisadores defendem os modelos psicodinâmicos de intervenção e propõem que uma ação terapêutica nas organizações, principalmente nos processos de mudança, nos quais psicólogos e especialistas orientariam debates e discussões de pontos de vista, pode levar os indivíduos a compreender suas representações, apegando-se a uma das dimensões e acabando com a polarização, decidindo, enfim, e obtendo uma harmonia transitória, até a eclosão de novas polarizações, em um processo contínuo (Vince e Broussine, 1996; Smith e Berg, 1987; Watzlawick et al., 1974; Kets De Vries, 1995; Schein e De Vries, 2000; Lane e Bachmann, 1989; Hirchhorn, 1993; Enriquez, 1997; Dejours, 1987; Frost e Robinson, 1999).

- **Transcendência** – Woodman et al. (2001) argumentam que representações paradoxais são muitas vezes realidades subjetivas, projeções de indivíduos ou grupos, mas a polarização não necessariamente encontra suporte consistente nos fatos da realidade externa. Assim, o indivíduo ou grupo pode superar a bipolaridade de modo diferente do anterior, não se apegando a uma das dimensões, mas encontrando elementos na realidade que os permitam chegar a uma síntese entre as duas dimensões. Assim, em termos de sua percepção, passarão pelas fases da tese, antítese, eventual bloqueio ou não, e caminharão para uma síntese ou compreensão de que no caso específico, as dimensões aparentemente irreconciliáveis em sua realidade subjetiva podem ser conciliadas na realidade exterior a ser construída pelo grupo social (Denilson et al., 1995; Amason, 1966; Denilson; Hooijberg e Quinn, 1995; Cameron e Quinn, 1998; Handy, 1994; Farson, 1996; Westenholz, 1993; Smith e Berg, 1987; Ropo e Hunt, 1995; Pole e Van de Ven, 1989). Lewis (2000), em seu importante artigo "Exploring paradox: toward a more comprehensive guide", mostra em suas pesquisas que os paradoxos mais citados na literatura anglo-saxônica são paradoxos de aprendizado (*Paradoxes of Learning*), paradoxos da organização e do ato gerencial (*Paradoxos of Organizing*) e paradoxos de afiliação a grupos (*Paradoxes of Belonging*). Tratamos até aqui dos trabalhos que tratam de paradoxos em uma perspectiva associada à teoria crítica, dentro do paradigma pós-moderno.

A EXPATRIAÇÃO E A CORRENTE PSICODINÂMICA: O DESENVOLVIMENTO DA CAPACIDADE DE LIDAR COM A TRANSFORMAÇÃO E OS PARADOXOS, CONTRADIÇÕES E REAÇÕES AFETIVAS TÍPICAS DO PROCESSO TRANSFORMACIONAL

Os Modelos de Joly e Cerdin

Joly (1993) em seu artigo "Alteridade: ser executivo no exterior", contextualiza a expatriação como uma experiência intercultural, psíquica e afetiva, que envolve um processo de desestruturação e reestruturação, que por sua vez se insere no que ele define como o quadro sociocultural da atividade humana. São quatro as dimensões que compõem esse quadro, e que estarão intimamente relacionadas com as fases do processo de expatriação:

- *A natureza* – uma das funções do conjunto cultural no qual se encontra o indivíduo é dar sentido às suas relações com a natureza, relações essas que se tornam fonte dos sistemas de representações simbólicas.

- *A cultura* – tem o papel de dar um sentido às atividades do homem. A cultura, para Joly (1993), "mediatiza", por meio de uma ordem social própria, modos de interação que são pospostos ao indivíduo". Os traços culturais representam o sistema de crenças, e os produtos de cada cultura têm um valor simbólico específico. A compreensão desse valor é a chave para a compreensão da própria cultura.

- *A sociedade* – os sistemas de crenças governam, também, as relações que o indivíduo mantém com seus semelhantes, fornecendo modelos de interação que definem o papel de cada um, as normas de relacionamento, o estatuto que regula as relações com as outras pessoas. Essas relações, assim regulamentadas, constituem a sociedade. Para Linton (apud Joly, 1993), o indivíduo pode representar ou assumir um papel social. Ele o **assume** quando integra esse papel ao seu "eu", à sua personalidade, e o **representa** quando mantém uma certa distância desse papel e do estatuto imposto por seu conjunto cultural.

- *O indivíduo* – um último componente do quadro sociocultural é o próprio indivíduo, nas suas três dimensões de personalidade definidas por Freud: o id, fonte das pulsões inconscientes, o ego e o superego, onde, de acordo com Joly (1993), "se integram a personalidade de base, veiculada pelo sistema social, e as características do subgrupo ao qual pertence o indivíduo". É nessa dimensão do indivíduo que são administradas as tensões entre as pulsões emanadas da personalidade e as demandas do contexto cultural no qual ele está inserido.

Joly (1993) define quatro fases que permeiam um processo de expatriação, nas quais cada uma das citadas dimensões irá interagir de forma distinta:

- Primeira fase: o encantamento

Nessa fase, que ocorre normalmente nos primeiros meses do processo, o indivíduo se depara com inúmeras formas alternativas de vida, que muitas vezes não havia sequer imaginado, desafios que o mobilizam de várias formas, e isso lhe abre um novo horizonte. Não se encontra ainda em fase de contraposição com a natureza do que encontra, está identificando os traços que compõem a cultura local. É uma fase de certo "embotamento" do senso crítico, e dura enquanto durarem as novas descobertas desse "embotamento".

- Segunda fase: o negativismo extremo

Aqui começam as identificações mais claras dos sistemas de crença da outra cultura, e, via de regra, o aparecimento dos primeiros desconfortos com as diferenças, que impactam na relação do indivíduo com a natureza; são as outras representações simbólicas que contam; os tabus não são os mesmos.

Do ponto de vista da cultura, surgem as percepções de diferenças de nível, de existência de outras formas de linguagem (o que dificulta o acesso aos símbolos dessa nova cultura), de diferentes relações com o tempo, um outro modo de tratar a vida humana, outras formas de raciocínio, uma idéia distinta do que seja propriedade, um contexto econômico desconhecido, uma agenda política particular, entre outros.

Lidar com todas essas diferenças exige grande esforço. No que se refere à dimensão indivíduo, surgem as tensões entre as pulsões da personalidade (formada na cultura de origem) e os traços culturais da cultura na qual o indivíduo está inserido no momento. O ajustamento mútuo é sofrido, vem um sentimento de isolamento, que pode levar a um processo de negativismo. É como se o indivíduo sentisse a perda do chão sob seus pés, e por conta disso passasse a rejeitar seu novo hábitat.

- Terceira fase: guardar distância ou integrar-se

Esse é um momento que pode ser caracterizado como "pendular": ou ocorre a rejeição definitiva, ou o indivíduo "torna-se nativo" e integra-se quase que totalmente.

A rejeição pode levar ao isolamento, à vida apenas nos "guetos" onde se encontram pessoas advindas da mesma cultura, e até mesmo ao final antecipado do processo. Nesse caso, não se reencontra um sentido de relação com a natureza, os traços culturais não são incorporados, o indivíduo apenas representa um papel na nova sociedade, ele não resolve as tensões advindas do novo momento.

A integração, por sua vez, implica a assunção de um novo papel social, incorporação dos traços culturais, adoção de novos traços de linguagem que permitem a inserção na sociedade, o que minimiza as tensões no indivíduo. Mas pode levar à rejeição da volta e a uma espécie de "esquizofrenia" cultural, na qual o indivíduo perde a referência de quem é.

- Quarta fase: o choque da volta

Depois de viver no exterior e ter passado pelas fases anteriores, o indivíduo corre o risco de ter dificuldades de reinserção em sua cultura de origem. Estabeleceu um novo sentido na sua relação com a natureza, adquiriu novos hábitos e incorporou novos traços culturais, obteve um determinado nível de inserção em uma outra sociedade, encontrou um ponto de equilíbrio para suas tensões. Enfim, trata-se de uma pessoa modificada. A pessoa que volta não é mais a que saiu, e isso tem implicações tanto do ponto de vista pessoal como social e profissional. No plano profissional, há o risco de subutilização de suas novas competências, e, como decorrência, o risco de perda do profissional. Daí a importância de práticas de gestão que orientem esse momento, possibilitando o aproveitamento das experiências adquiridas que minimizem os riscos de perda.

Cerdin (2002), por sua vez, utiliza o conceito da "curva em U", na qual relaciona as seguintes fases de adaptação no processo de expatriação, em função do tempo de permanência no país estrangeiro (ver Figura 1.1, a seguir):

- Fase 1 – "Lua-de-mel": quando se dá a fascinação, a exitação pelo novo país.
- Fase 2 – Choque de cultura, marcado pela desilusão e frustração.
- Fase 3 – Adaptação: adaptação gradual à nova cultura.
- Fase 4 – Maturidade: crescimento/fortalecimento da capacidade do indivíduo em funcionar eficazmente na nova cultura.

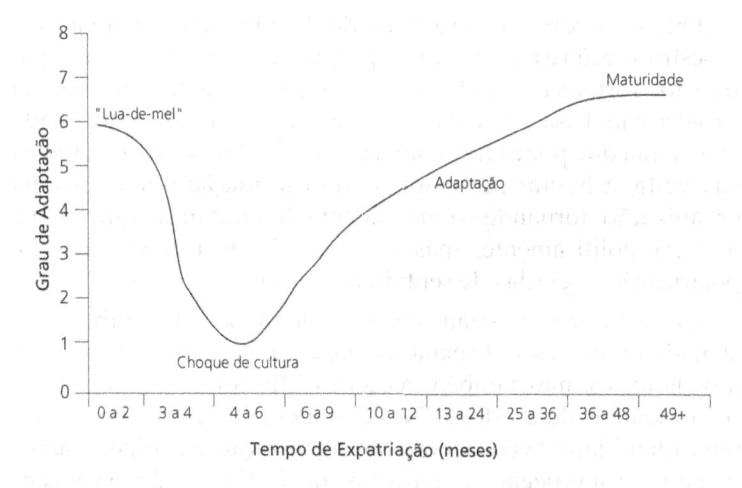

Figura 1.1 Curva em U e grau de adaptação (Cerdin, 2002).

Podemos identificar semelhanças nas abordagens de Joly (1993) e Cerdin (2002) e, para ambos os autores, os indivíduos que passam pelo processo de expatriação e/ou suas famílias normalmente passam pelas fases que descreveram. Dificuldades no processo de transição entre as fases por parte dos membros da família do executivo podem influenciar no fracasso do projeto de expatriação. Assim, além das dificuldades de adaptação enfrentadas pelo próprio expatriado, a sua família, como mostra a revisão da literatura, é um elemento importante neste processo.

De fato, autores que desenvolveram estudos sobre expatriação citados até esse momento tratam do tema da adaptação cultural do executivo à cultura estrangeira e/ou de sua família como fator-chave para o sucesso ou o fracasso do processo de expatriação.

Para essa corrente, a capacidade de lidar com a mudança, a desestruturação e reestruturação psíquica e afetiva típicas da expatriação, fortalece o indivíduo que consegue ter sucesso na expatriação. Essa capacidade lhe dá compreensão e maturidade emocional que pode fazer com que o indivíduo se torne apto, em sua volta, a liderar processos de transformação e mudança na organização, tornando-se um "agente de mudança" que não só negocia politicamente, mas compreende as reações afetivas, polarizações e perdas de sentido típicas desse processo.

Esses autores mostram como a identidade do indivíduo é abalada no processo de expatriação, o que envolve reações cognitivas fortes, mas também reações afetivas fortes, pois não se pode isolar as duas esferas. Neste sentido, o expatriado pode ter uma identidade "vencedora" na organização de origem, antes de partir, e, ao chegar à organização de destino, pode se ver confrontado por diferentes valores, formas de atribuição de valor social, *status* e afetividade, e não conseguir construir relacionamentos, sentir-se rejeitado, ter momentos de estranhamento e solidão etc.

Sainsaulieu constrói um modelo sobre identidade no trabalho no qual reúne cognição e afetividade mostrando como a construção e reconstrução do sentido é fundamental para a adaptação do indivíduo.

O Modelo de Identidade do Trabalho de Renaud Sainsaulieu: Uma Breve Apresentação

Sainsaulieu desenvolve o seu modelo de identidade baseado nos estudos de Erikson, apresentados a seguir.

Para este último, o sentimento de identidade é um sentimento caracterizado pela

> percepção da própria unidade e de uma continuidade temporal. Em relação ao seu aspecto subjetivo, a identidade é a percepção pelo

indivíduo de que existem em si semelhanças consigo mesmo e uma continuidade nos procedimentos de síntese internos relativos ao seu ego; existem também diferenças em relação aos outros que caracterizam o seu estilo individual enquanto pessoa. (Erikson, 1972)

Com base nessa visão, pode-se concluir que a identidade implica duas dimensões:

a) *Sameness* – a dimensão da permanência – em que o ego conserva algumas características básicas durante o processo biológico e histórico ao qual o indivíduo é submetido em sua vida.

b) **Coerência** – tendo em vista o processo social e o processo biológico que envolvem o indivíduo, a tarefa de seu ego é garantir uma função de síntese, um princípio de organização segundo o qual o ser humano se mantém enquanto personalidade coerente cuja individualidade é percebida pelos outros, mesmo tendo em vista as transformações às quais está submetido.

Assim, o conceito de identidade é utilizado por Sainsaulieu em seu modelo para expressar o sentimento de permanência e continuidade que o indivíduo experimenta em suas relações sociais e que ele perde no caso de pressões extremas. Em relação à vida cotidiana, o conceito de identidade se refere ao esforço do indivíduo em realizar uma síntese de sua ação, equilibrando as forças internas e as forças externas que influenciam esta ação, que é fruto da inter-relação de sua realidade interior e da realidade externa construída pelo grupo social.

A Importância do Conflito e do Reconhecimento Social para a Construção da Identidade

Segundo Sainsaulieu, o reconhecimento dos outros é um dos elementos fundamentais na construção da identidade do indivíduo, que ocorre de modo dinâmico, a partir de suas interações sociais "aqui e agora". Christophe Dejours reforça a importância do reconhecimento do grupo social na formação da identidade, dizendo que "no mundo subjetivo, o sentido dado ao trabalho depende de jogos de identidade e participação: o que o indivíduo espera de seu trabalho é também uma retribuição moral: o reconhecimento".

Dejours destaca a importância do **reconhecimento de utilidade** (utilidade social, econômica e técnica das contribuições particulares e coletivas à organização) e do **julgamento de beleza** (validade ética, estética), ambos conferidos pela hierarquia, pelos pares ou pelo grupo social e que influem na percepção que os indivíduos desenvolvem sobre o valor social de seu trabalho e no conceito que desenvolvem de si próprios (Dejours, 1993).

Sainsaulieu mostra como uma das forças motrizes da evolução da personalidade individual e da luta por reconhecimento social é a experiência do conflito nas interações humanas. É na experiência do conflito em sociedade que o sistema social interage com o sistema individual da personalidade, que estas duas esferas se entrecruzam. O conceito de identidade designa a parte do sistema de personalidade do sujeito que reage permanentemente à estrutura do sistema social. A identidade exprime esta busca da força e de recursos que permitam a expressão do desejo individual em sociedade, ou seja, o sujeito busca permanentemente a possibilidade de obter o reconhecimento dos outros do fato de que ele é alguém detentor de um desejo individual e autônomo. O conceito de identidade designa dessa forma a luta pela permanência dos meios sociais do reconhecimento de si e a capacidade do sujeito de atribuir sentido à sua experiência.

Bergamini e Coda, ao tratar de liderança, mostram como a identificação a um líder e ao sentido que este atribui à ação leva os indivíduos a adotar certos padrões de conduta. Os autores mostram como a liderança é um processo de construção social da realidade baseado no poder (Bergamini e Coda, 1997). Sainsaulieu desenvolve essa mesma linha de argumentação. Outros autores desenvolveram recentemente pesquisas que reforçam esses argumentos (Albert; Ashforthe e Dutton, 2000).

O Modelo de Sainsaulieu sobre a Construção da Identidade no Trabalho e uma Releitura de Hegel e do Reconhecimento de Si no Mundo Social

Sainsaulieu baseia-se nos trabalhos de Hegel a fim de fundamentar seu modelo. Analisando a filosofia hegeliana, o autor salienta a interdependência entre o lado cognitivo (compreensão do mundo, acesso à racionalidade) e o lado afetivo (o jogo de relações entre os desejos). O indivíduo não é capaz de completar o processo de obtenção da "compreensão do mundo" da qual fala Hegel e do desenvolvimento de sua capacidade de raciocínio se ele não é reconhecido em suas relações afetivas como alguém que detém de forma autônoma um desejo. Uma dialética paralela, que envolve de um lado o nível do desejo e do outro o nível da razão, constitui dessa forma o indivíduo completo.

A luta entre os desejos dos diferentes indivíduos envolve uma relação social cujo objeto é o reconhecimento de si próprio pelos outros. É vencendo esse conflito que o ser humano pode obter o reconhecimento de sua individualidade. A identidade do ser humano não é então o ponto de partida sobre o qual se constrói o mundo social, mas, ao contrário, é um conceito dinâmico, é o resultado do jogo de relações envolvidas nas experiências de luta e conflito por ele vivenciadas a cada momento.

Dessa forma, um ponto fundamental da filosofia hegeliana é mostrar como as experiências conflituosas do indivíduo terão mais tarde conseqüências importantes sobre sua identidade e sua "visão de mundo", ou seja, na formação de sua lógica de ator, seus critérios de decisão. É o desejo de apropriação do objeto que marca o começo da relação dialética que conduz ao reconhecimento do indivíduo pelos demais (à sua diferenciação). No decorrer do processo de expressão do desejo e de apropriação do objeto, o sujeito encontra inevitavelmente, uma vez que ele vive em sociedade, um outro indivíduo cujo desejo concorre com o dele em relação ao mesmo objeto. E neste confronto de desejos nasce a dialética do "mestre e do escravo", que conferirá ao indivíduo o reconhecimento de si próprio pelo reconhecimento dos outros. **Ele se reconhecerá então a partir do julgamento social de seu valor.** O valor que o indivíduo atribui a si próprio depende então da medida social de seu valor.

Dentro da linguagem hegeliana, pode-se dizer que o que permite ao indivíduo sustentar o seu desejo por algo **é a possibilidade concreta de vencer tendo em vista as relações de poder que o cercam.** O indivíduo deve ter condições sociais mínimas para enfrentar a luta e poder sair-se vencedor pelo menos algumas vezes, a fim de poder sair da cadeia contínua de identificações com os poderosos que o envolve e afirmar a sua própria individualidade, diferenciando-se finalmente.

> As desigualdades no acesso aos recursos e ao poder nas relações entre adultos, principalmente no ambiente de trabalho, têm como conseqüência o fato de que vários indivíduos não podem impor sua diferença aos outros, vivendo a fundo os conflitos e vencendo-os ao menos em parte. Alguns privilegiados têm acesso aos meios concretos de impor a sua diferença, fazendo os outros aceitarem suas idéias e a sua mediação, impondo os seus significados e o seu pensamento. A "morte simbólica", ou seja, a impossibilidade de refletir e criar por si próprio, de atribuir sentido aos objetos e à experiência, pode gerar a confusão mental, anomia e perda da identidade.[1]

---

[1] Segundo a análise de Hegel, uma luta até à "morte" se estabelecerá entre os dois desejos de posse do objeto, uma vez que, na busca de reconhecimento de sua força pelo outro, o indivíduo luta na realidade para obter o reconhecimento de seu ser e de sua autonomia. Conseqüentemente, além do objeto, o ser humano tem necessidade do outro para reconhecer a sua força e a sua validade como

De acordo com esse paradigma, o acesso à identidade é o resultado de um processo conjunto de identificação e de diferenciação que se expressa nas relações intersubjetivas em dois níveis:

- no nível da relação afetiva identificatória que não envolve relações de conflito;
- no nível político, do jogo de poder social, em que o indivíduo se desliga do primeiro nível impondo sua diferença.

Pode-se então levantar a hipótese de que, se a identidade da criança e seu desejo forem fortemente ligados à história de suas identificações sucessivas, a identidade do adulto dependerá também **dos meios sociais de que ele dispõe para sustentar sua diferença nos conflitos**, e desta forma, **sair da cadeia de identificações** (Sainsaulieu, 1977).

A luta pelo poder não é então um fim em si, mas o sinal de um jogo mais profundo que envolve a personalidade dentro de uma relação social que se prolonga no tempo e no espaço.

Afetividade e cognição assim caminham juntas, pois é a capacidade de superar a dor e enfrentar o conflito na afirmação de

---

indivíduo autônomo, que se diferencia dos outros por uma série de características particulares. Não existe pois conciliação possível neste tipo de dialética, pois a vitória representa o reconhecimento pelo outro do ser individual, e perder significa renunciar a este reconhecimento e submeter-se. Para que haja reconhecimento, é necessário que um dos indivíduos esqueça ou renuncie ao seu próprio desejo de reconhecimento e aceite reconhecer o desejo do outro e sua força. Neste caso, o "escravo" (o que perdeu ou renunciou ao conflito e ao reconhecimento) se coloca a serviço do reconhecimento do desejo do outro, preservando-se da luta, mas perdendo em parte a autonomia na orientação de suas atividades. O mestre adota o conflito como forma de ação, arriscando-se à "morte", mas ganha o trabalho do outro a serviço do reconhecimento do seu desejo. A dialética do mestre e do escravo, neste contexto, está inserida em uma realidade social particular, ou seja, esse confronto é concreto e ocorre em situações específicas, dependendo dos meios e recursos controlados por cada um, de acordo com sua posição dentro da organização.

uma racionalidade própria que garante o acesso a uma identidade autônoma e ao pensamento próprio.

Concluindo, podemos dizer que as relações cotidianas de trabalho oferecem um espaço onde o indivíduo pode exercitar-se em seu caminho de busca pelo entendimento, na constituição de uma racionalidade própria. Como os meios de obter o reconhecimento dos outros são repartidos desigualmente, porém, as chances que os indivíduos têm de diferenciar-se e afirmar uma racionalidade própria são distintas.

As Diversas "Vias" de Acesso à Experiência e à Identidade no Trabalho

O sujeito dispõe de um passado cultural, de hábitos adquiridos por meio dos processos de identificação característicos de sua socialização primária e secundária, mas o universo social do trabalho, onde ele arrisca "aqui e agora" pode representar para ele uma realidade totalmente diferente de sua realidade passada. O perigo do presente obriga-o a confrontar as características de percepção, análise e julgamento que ele desenvolveu no decorrer de sua história passada com as aptidões necessárias à sua sobrevivência na situação presente. Os valores anteriores, adaptados à sua realidade passada, podem não assegurar mais o sucesso nas relações presentes, e a aprendizagem de novas capacidades estratégicas por meio das relações de trabalho pode levá-lo a tomar consciência de outras lógicas de ação e realidades que não correspondem necessariamente à sua lógica ou ao seu meio de socialização. Os recursos intelectuais, afetivos e cognitivos por ele desenvolvidos no passado, os seus valores e a sua visão de mundo, podem não ser mais suficientes para ajudá-lo a compreender, decidir e agir na situação presente.

O confronto com seus próprios valores e características de base será mais forte à medida que o indivíduo se sinta oprimido pela nova realidade e busque compreendê-la. Ele reverá então sua lógica de ação e buscará uma nova visão de mundo que integre suas experiências passadas, mas que explique também suas novas percepções e sensações, permitindo-lhe encontrar novos meios de ação.

Assim, a aptidão de analisar as diversas opções e assumir riscos nas relações interpessoais e coletivas (ou seja, a capacidade estratégica de cada indivíduo) é fruto de um aprendizado concreto nas relações de trabalho. Ao menos no que se refere à aprendizagem por heurística e à experimentação, a estrutura de trabalho tem uma influência desigual no desenvolvimento da capacidade cognitiva e analítica dos indivíduos, uma vez que alguns têm a oportunidade de experimentar um jogo relacional sutil, enquanto outros vêem limitadas as suas oportunidades de desenvolvimento sociopolítico. Independentemente de suas histórias individuais e de seu passado, os atores sociais passam muito tempo no ambiente de trabalho. O fato de possuírem as mesmas condições de trabalho e os mesmos espaços de interação, bem como o acesso e o controle do mesmo tipo de recursos, oferece aos indivíduos caminhos similares de acesso à identidade e ao entendimento.

Seguindo alguns dos pressupostos da escola sociotécnica, o autor propõe quatro modelos, a partir de suas pesquisas. Cada modelo reflete tipos de lógicas de ator e critérios de decisão distintos. **Não se trata da descrição de quatro tipos de "personalidade coletiva", mas da descrição de diferentes processos de estruturação da experiência e acesso à identidade no trabalho.** Assim, atores sociais submetidos às mesmas condições de trabalho durante certo tempo tendem a desenvolver estratégias e modos de diferenciação similares, partilhando também de valores comuns e de uma racionalidade própria ao seu grupo organizacional.

O Modelo da Retirada Estratégica

São indivíduos que renunciam à luta por sucesso e reconhecimento no ambiente profissional. Eles procuram realizar as suas tarefas de acordo com o mínimo solicitado pela regra, e envolver-se o menos possível com o trabalho. Procuram envolver-se em outros setores de sua vida – família, clubes, associações – e limitar a sua atuação profissional ao estritamente necessário. Esse grupo é caracterizado por uma grande fraqueza nas suas relações de identificação horizontal entre pares. Eles costumam, no entanto, se identificar muito com a figura do chefe. A relação de autoridade não é apenas aceita, mas reivindicada. Esse grupo era composto por operários estrangeiros, especialmente os africanos, e pelas operárias, em pesquisas realizadas pelo autor. O grupo caracterizava-se pela apatia e pela ausência de mobilização individual ou coletiva. Para os indivíduos, identificar-se com este ou aquele chefe constitui o único meio de afirmar a sua diferença perante os outros colegas. Eles possuem poucas possibilidades de desenvolver o seu lado político e a sua capacidade de ação estratégica, pois evitam as relações conflituosas e renunciam de antemão à tentativa de "fazer valer" suas idéias e opiniões, ficando prisioneiros de processos verticais de identificação e tendo, desta maneira, pouca autonomia.

O Modelo da Solidariedade Democrática

Ao contrário do modelo de retirada estratégica, o autor encontrou em suas pesquisas dois grupos que recusam as identificações verticais, envolvendo-se pouco com os chefes e superiores, mas desenvolvendo uma solidariedade entre pares, corporativa, bastante forte. São os operários especializados, profissionais e os executivos e diretores Nestes dois grupos, tanto os operários que detêm uma especialização ou técnica particular mostram-se satisfeitos com o controle que exercem sobre seus subordinados, outros operários menos qualificados, quanto os executivos e gerentes se mostram satisfeitos com o controle que exercem sobre seus subordinados. Os operários especializados em uma mesma profissão são geralmente "companheiros" de corporação e partilham de valores próprios à sua profissão. Por outro lado, membros do grupo de gerentes e diretores também são capazes de manter relações interpessoais diferenciadas no plano afetivo e cognitivo, liberando-se das identificações horizontais, sendo capazes de defender a própria opinião ou ponto de vista em relação aos colegas, recusando a autoridade que se pretende exercer sobre eles. Esses grupos têm, assim, a capacidade de exercer o poder, tendo uma boa capacidade de ação estratégica. Esses atores sociais são autônomos, sendo capazes de vivenciar relações de afinidade entre colegas, porém negociando, debatendo e discutindo suas diferenças quando necessário.

Entre essas duas situações extremas descritas, um grupo desenvolvendo uma estratégia de evasão, apatia e recusa de conflitos, incapacidade de lidar com situações envolvendo o poder, e outro grupo mostrando familiaridade com posições de poder e de mando, sendo capaz de autonomia e diferenciação, o autor encontrou outras estratégias de ação.

O Modelo da Unanimidade

Dois grupos enquadram-se neste modelo: os operários que trabalham em linhas de montagem, sem nenhuma especialização particular, envolvendo-se em um trabalho repetitivo e mecânico, desenvolvido em conjunto com seus colegas, vivem uma experiência profissional de identificação horizontal aos pares e vertical aos líderes do sistema social operário. Dessa forma encontram meios para afirmar a sua diferença como grupo perante os administradores e chefes. Cada indivíduo sente-se assim profundamente ligado ao grupo, por meio do qual se diferencia, não agindo separadamente. Esse modelo da fusão operária envolve a identificação do grupo com um líder de seu grupo que interpreta os acontecimentos, defende suas posições e orienta suas relações com a chefia, propondo mobilizações quando necessário. Esse tipo de grupo normalmente adota estratégias do tipo "tudo ou nada", realizando fortes mobilizações para obter seus objetivos.

O outro grupo que desenvolve uma estratégia semelhante, dentro do modelo da unanimidade, são os burocratas e funcionários administrativos, de escritório, que evitam conflitos fortes com seus colegas a fim de respeitar o código burocrático de igualdade formal no sistema. Essa é uma forma de controlar o favoritismo, evitando-se amizades estreitas ou identificação com a chefia. No entanto, as pesquisas mostram que se a igualdade burocrática formal é ameaçada por reformas ou se as regras que lhes asseguram direitos são mudadas, esses indivíduos, que normalmente evitam conflitos, são capazes de iniciar fortes mobilizações para defender os meios que asseguram suas posições no sistema. As ações políticas desse grupo, dada a sua capacidade estratégica limitada, como o grupo dos operários supracitados, são erráticas – o grupo emprega muita força para obter vitórias menores e mostra dificuldades na negociação e no debate político.

O Modelo das Afinidades Seletivas

Grupos que dispõem de uma maior mobilidade na organização – jovens executivos e *trainees*, consultores – dado ao fato de mudarem sempre de ambiente, de pretenderem seguir uma carreira rápida, por meio de sucessivas promoções, desenvolvem uma estratégia individual de ação, identificando-se a colegas e a chefes temporariamente e reconstituindo suas relações e suas identificações tão logo atinjam novas posições na organização. Esses indivíduos não gostam de envolver-se politicamente com grupos, uma vez que pretendem manter sua mobilidade individual e não serem limitados em sua ação pelas imposições e restrições que envolvem a ação coletiva. Normalmente esses indivíduos são dotados de uma boa capacidade estratégica, relacional e política. A sua recusa de agir em grupo, no entanto, os impede de desenvolver as capacidades cognitivas e relacionais próprias a esse tipo de ação.

Pode-se observar que a organização, estruturando diferentes vias de acesso à experiência, à autonomia e à capacidade de ação estratégica, oferece meios de afirmação de identidades desiguais aos indivíduos. Quando o indivíduo não dispõe de nenhum meio de medir o resultado de suas relações e o seu valor social, uma vez que praticamente não tem acesso ao reconhecimento, dado o seu tipo de atividade, então o desejo se concentra no imaginário puro e o indivíduo, prisioneiro de identificações aos poderosos, reproduz o pensamento daqueles que são capazes de defender e impor suas idéias. Quando os meios de ser reconhecido como o autor de uma ação concreta só são acessíveis pela ação coletiva, porque cada indivíduo é muito fraco para vencer sozinho, a fusão entre os desejos, realizada mediante um processo de identificação projetiva recíproca entre pares, é reforçada. Quando, finalmente, o indivíduo dispõe de meios suficientes para obter sozinho o reconhecimento de suas ações pelos outros, ele pode conciliar por si próprio o desejo, a reflexão e a ação, propondo uma racionalidade própria e autônoma. Dessa forma, o exercício pleno da democracia e da cidadania é um luxo limitado aos poucos que conseguem.

O problema no processo de expatriação, segundo essa corrente, é que se no país de origem o indivíduo tiver normalmente diversas relações "vencedoras" dentro de seu contexto social e afetivo, onde cria uma identidade social específica, a perda de suas normas de referência e a forte desestruturação que poderá sofrer no processo de expatriação poderão levá-lo a momentos de anomia e solidão: perda de normas de referência, de reconhecimento e sentimento de "morte simbólica" são os riscos maiores. Esses fenômenos afetivos podem ser vividos tanto na adaptação da ida quando na da volta, e, caso o indivíduo enfrente esses "embates" com sucesso, provavelmente aprenderá com a experiência para tornar-se um facilitador/líder de futuras mudanças transformacionais em sua organização, quando identidades são colocadas em "xeque" e novas alternativas devem ser criadas, com a reconstrução do sentido da ação organizacional.

capítulo 5

Diversas Correntes ou, na Experiência Concreta da Expatriação, uma Realidade Multifacetada, acima da Classificação "Acadêmica"?

APRESENTAÇÃO DO ESTUDO

Neste capítulo, apresentaremos, como ilustração, um estudo exploratório em que oito executivos da mesma empresa francesa, expatriados pelo mesmo número de anos, narram as suas experiências, por meio do método análise de narrativas. Esse estudo embasou uma dissertação de mestrado defendida com sucesso e possui a limitação de ser um estudo exploratório, não passível de generalizações e com viés interpretativo, dentro das limitações do método interpretativo em que a relação sujeito/sujeito não possui nenhuma pretensão de neutralidade na análise. O estudo permitiu obter um excelente material para ilustração das questões levantadas neste livro e, dado o reconhecimento de seu mérito, permitiu à autora defendê-lo também na França e obter o título de mestre também nesse país.

Veremos, que tanto na visão dos quatro franceses expatriados no Brasil como dos quatro brasileiros expatriados na França, diversos fatores contaram para o sucesso ou fracasso de sua expatriação no país de destino: fatores afetivos, culturais e ligados a jogos de poder. O foco em um ou outro fator é uma separação de correntes para isolar variáveis para o estudo. Mas, na narrativa dos expatriados, esses fatores estão profundamente interligados, como veremos.

O objetivo do estudo foi identificar **quais foram os fatores que influenciaram o sucesso ou o fracasso da expatriação dos executivos franceses no Brasil e brasileiros na França, na visão dos próprios entrevistados.**

Para efeito do estudo, consideramos na análise de sucesso/fracasso a composição dos três fatores: cumprimento do tempo de contrato, opinião dos entrevistados sobre o sucesso ou fracasso de sua expatriação e evolução de carreira posterior à expatriação (Baruch e Altman, 2002; Cerdin, 2002).

É importante ressaltar que tomamos o cuidado de precisar que a dimensão sucesso/fracasso é dada principalmente a partir da opinião dos entrevistados sobre o seu processo de expatriação.

Encontramos em nossa análise diferentes fatores enunciados pelos expatriados franceses no Brasil e por expatriados brasileiros na França para explicar o sucesso ou fracasso de sua expatriação. Notou-se, assim, um primeiro recorte ligado à nacionalidade desses executivos ao expressarem sua experiência. Ou seja, a mesma situação de expatriação é explicada por franceses a partir de elementos em comum entre si e por brasileiros também. Formam-se, assim, dois grupos: o grupo dos franceses expatriados no Brasil e o grupo dos brasileiros expatriados na França.

Alguns pontos na caracterização desses dois grupos merecem destaque: todos os entrevistados, sejam brasileiros ou franceses, eram executivos de nível superior, porém os franceses que vieram para o Brasil estavam sendo enviados pelas matrizes de suas empresas, pelo "centro do poder" do qual estavam próximos, ao passo que os brasileiros iam de uma filial para a matriz.

Na seqüência identificaremos os pontos que caracterizam cada grupo e faremos a análise dos fatores que influenciaram o sucesso ou o fracasso do processo de expatriação, na visão dos entrevistados de cada um desses grupos (franceses no Brasil e brasileiros na França).

PRINCIPAIS FATORES QUE INFLUENCIARAM O SUCESSO OU O FRACASSO DO PROCESSO DE EXPATRIAÇÃO NA VISÃO DOS FRANCESES EXPATRIADOS NO BRASIL

Caracterização do Grupo de Expatriados Franceses no Brasil

Os franceses vieram para o Brasil como representantes da empresa para, de alguma forma, "transformar" a subsidiária brasileira, seja pela introdução de metodologias de trabalho, seja para intervir na estrutura de poder local a pedido da matriz. Em outras palavras, eram representantes do poder da matriz para executar as modificações necessárias na subsidiária brasileira. A metáfora relacionada a esse aspecto que surge das entrevistas é a metáfora do "colonizador" ou "transformador" que traz o que é considerado "melhor" ou "mais evoluído", cabendo à subsidiária local aceitar as transformações e "receber" o que vem da matriz francesa. Assim os franceses expatriados, neste caso, eram os intermediários e mediadores entre o poder central da matriz e a subsidiária local. Tiveram para isso um suporte significativo na medida em que todos chegaram com cargo e missão bem definidos, o que não permitiu dúvidas sobre seu papel.

Como se trata de uma única empresa comum entre os entrevistados, e suas expatriações ocorreram em épocas diferentes, pode-se afirmar que, ao menos nestes casos, encontram-se elementos de uma cultura organizacional que sustenta a imagem do "colonizador" por parte dos executivos franceses que vinham da matriz. Eles colocam que vinham um pouco como "líderes transformacionais" trazendo assim a "voz da matriz" sobre o que era mais evoluído, seja do ponto de vista organizacional, seja do ponto de vista tecnológico.

No caso dos franceses, a maioria achava "simpático" vir para um país como o Brasil. Mesmo os que não conheciam muito o país tinham referências "positivas" de outras pessoas ou de membros da família, que os entusiasmaram (assim destaca por exemplo EO1 sobre a sua esposa: "(...) ela tinha uma imagem mais forte do que a minha sobre o Brasil"). Alguns utilizaram o termo "viver uma aventura".

Todos os executivos franceses entrevistados ressaltaram a cordialidade, gentileza e receptividade dos brasileiros no interior das empresas (como destacam, por exemplo, EO2: "(...) eu me senti muito bem recebido"; e EO4: "Tem um outro ponto do caráter brasileiro que facilita tudo: a gentileza do povo"), não revelando nenhuma dificuldade de adaptação, seja dentro da empresa, seja fora, tanto para si como para suas famílias.

Para finalizar, o ponto em comum preponderante é que, para todos os franceses expatriados no Brasil, esse processo foi entendido como bem-sucedido, seguindo todos os critérios definidos anteriormente: nenhum voltou ou pediu para voltar antes do tempo (EO2 voltou a pedido por questões de saúde na família, mas seu período original de expatriação já estava vencido, e EO3 voltou por questões de insegurança, mas também com período cumprido). Todos avaliam ter atingido seus objetivos, e todos tiveram uma carreira ascendente ao retornar ao país de origem (mesmo EO2 que logo no retorno teve que se adaptar a um cargo menor, mas logo a seguir evoluiu).

Fatores que Influenciaram o Processo de Adaptação do Grupo de Franceses Expatriados no Brasil

Como vimos em diferentes partes de nosso trabalho, o fator que os franceses consideram preponderante para sua adaptação está relacionado às características dos brasileiros, que qualificam como gentis e receptivos, especialmente em relação aos franceses. Com isso, foi fácil para eles a adaptação. Um deles (EO4) chega a revelar que na verdade nem saberia dizer se foi ele que se adaptou ao Brasil ou os brasileiros a ele. Os brasileiros eram "obedientes", recebiam bem, falavam com eles em francês, revelavam certa subserviência (avaliação que encontramos especialmente nos relatos de EO2 e EO4).

Os aspectos acima nos levaram a buscar elementos que pudessem contribuir com a compreensão desses traços dos brasileiros. Vamos encontrá-los na análise das origens de nossa cultura. O Brasil é um país que tem em suas origens um modelo colonialista e escravocrata. Esse modelo tem suas bases na figura da "casa-grande e senzala". Os senhores da casa-grande compunham um grupo, os escravos da senzala outro, e cada um atuava em função de seu grupo, como forma de proteção e perpetuação. Desse modelo se originou a relação de subordinação com a chefia, típica do brasileiro (Aidar et al., 2002).

Tal modelo leva à tendência de centralizar o poder dentro dos grupos sociais (originário da figura do patriarca) e à passividade e aceitação por parte dos grupos "hierarquicamente" inferiores. No Brasil, a família patriarcal forneceu subsídio ao modelo que regula as relações entre governantes e governados, definindo as normas de dominação e centralização (Freitas, 1997).

Esses aspectos nos trazem uma melhor compreensão da "receptividade" do brasileiro para com os franceses. Na verdade, esses representam o modelo do "colonizador", e inspiram nos "colonizados" as atitudes de "serventia" e "subserviência" observadas. É de interesse do brasileiro se mostrar "gentil" para quem vem de fora e que para ele representa o "poder", pois é essa sua forma peculiar de se relacionar com a figura de autoridade.

Além disso, como nos coloca Caldas (1997), a idealização "do que vem de fora" como sendo melhor faz parte do imaginário brasileiro, e o autor identifica esse aspecto como uma manifestação do "arquétipo do estrangeiro".

Dentro de uma perspectiva psicanalítica, Caligaris (1997) nos acrescenta uma dimensão complementar a essa análise, quando identifica no povo brasileiro o "anseio de um pai", que ele vê na figura do colonizador, de quem vem de fora. Podemos interpretar que esse "anseio" leva o brasileiro a idealizar a figura do estrangeiro, e a reverenciá-lo como esse "pai".

Junte-se a esse fato a representatividade que tem o francês para a cultura brasileira. Caldas (1997) identifica três principais ciclos de nacionalidade do estrangeiro no Brasil: o ciclo lusitano, o ciclo Paris-Londres e mais recentemente o ciclo norte-americano. Como nos colocam Veloso e Madeira (1999), com o declínio dos valores e modelos lusitanos no decorrer do século XIX, ocorre a ascensão do culto à cultura francesa no Brasil. As autoras mostram que a França passa a ser vista como o centro da cultura ocidental e a influenciar o brasileiro em diversos aspectos: moda, arquitetura, etiqueta, obras de arte, literatura e até no modelo educacional que se instituiu no país. Essa influência deixa marcas no Brasil contemporâneo. Vale ressaltar que vários dos entrevistados franceses apontam que, além da receptividade natural que encontraram nos brasileiros, identificaram uma atenção especial aos franceses, o que corrobora a força que a imagem da França ainda exerce no país.

Com base nesses dados, fica mais clara a compreensão da "receptividade dos brasileiros aos franceses": os franceses de alguma forma representam, no imaginário dos brasileiros, o "colonizador", que "traz o que é melhor", é visto como hierarquicamente superior, e ainda por cima vem do país visto como a fonte da cultura almejada.

Tendo em consideração esses pontos, podemos traçar uma correlação com nossas duas linhas de análise: a visão postulada por Philippe D'Iribarne (1993) de que as tradições nacionais têm um impacto decisivo no processo de adaptação, e a compreensão de Michel Crozier e Erhard Friedberg (1977) de que a dimensão estratégica tem papel fundamental nesse contexto. No caso dos franceses expatriados no Brasil, as tradições da cultura brasileira, anteriormente descritas, sem dúvida tiveram um fator preponderante, mas no sentido de propiciar um ambiente altamente facilitador aos franceses.

Para os entrevistados franceses expatriados no Brasil, a dimensão estratégica também era significativa porque o sucesso dessa expatriação representava uma oportunidade de ascensão profissional, que efetivamente se deu para todos. No entanto, foram favorecidos pelas condições que encontraram, anteriormente analisadas, o que não os levou a despender esforços nos jogos de poder.

Portanto, concluímos que, no caso dos franceses expatriados no Brasil, tanto a dimensão cultural como a dimensão estratégica exerceram papel fundamental e influenciaram o sucesso no processo de adaptação, de acordo com os critérios definidos nesse estudo. Em resumo, esses dois fatores, cultural e estratégico, contribuíram para o sucesso da expatriação deles (entendendo-se esses quatro como casos de sucesso, dados os critérios utilizados neste trabalho):

1. Havia por um lado o **interesse estratégico** dos brasileiros em receber bem o estrangeiro – francês que vinha da matriz – e que, provavelmente, seria seu chefe ou transformaria a empresa. Estar bem com ele significava "estar bem" com o poder. Isso ainda era reforçado pela cultura organizacional "francesa" da empresa. Há indícios que mostram que, nesta empresa, o francês que chegava vinha como o "porta-voz" da matriz, portando "ferramentas que trariam a evolução" da subsidiária local. Ou seja, a metáfora do "colonizador", o estrangeiro superior ou poderoso que vem de "fora" trazer a evolução cabe bem neste caso, segundo as entrevistas.

Para os brasileiros, subordinados dentro da empresa, estar "bem" com o poder era um fator importante, até para preservarem os seus empregos e posições na organização. Ser simpático, integrar o estrangeiro, ser receptivo, ajudá-lo, podem ser consideradas assim, segundo a perspectiva crozieriana, ações estratégicas com o interesse de ser agradável aos olhos da chefia, mostrando-se como um aliado político.

2. O **fator cultural** é uma variável que não pode ser desprezada. As entrevistas mostram que, mesmo que os brasileiros tivessem interesse de proximidade do poder (e portanto fizessem um esforço ainda maior para serem agradáveis ou ajudar o chefe francês que chegava), há ainda um padrão cultural muito marcado na sociedade brasileira: o olhar que o brasileiro tem em relação ao estrangeiro do primeiro mundo, seja ele norte-americano ou europeu.

Assim, o brasileiro tem tendência afetiva (sentimento de inferioridade – preso a relações de identificação) a considerar a sua cultura e o seu país mais "fracos" em relação ao primeiro mundo (como constatou Caligaris, 1997, em suas observações ao chegar ao Brasil) assumindo uma postura muitas vezes "submissa", como mostram os autores supracitados que falam de cultura brasileira. Trata-se de um processo de identificação com o estrangeiro do "primeiro mundo", e não uma postura de diferenciação. Evita-se o conflito com o mais poderoso e busca-se uma postura de aliança.

O fator cultural não pode ser desprezado neste caso: apesar do interesse estratégico, as entrevistas mostraram que, na visão dos expatriados franceses, essa tendência cultural do brasileiro em ser receptivo e simpático, integrando o estrangeiro, ajudando-o, se manifestou durante a sua estadia aqui, seja dentro ou fora da empresa.

Dentro da empresa ressalta-se a questão do poder e também a tendência cultural do brasileiro em não "desafiar" o poder, procurando evitar conflitos e ser receptivo. Ele segue o modelo colonialista, o modelo da "casa-grande e senzala", em que o senhor "todo-poderoso" não pode ser desafiado, e que substituído historicamente pelo modelo militarista, também de "obediência à autoridade", como vemos em Motta (1997), Freitas (1997) e Barros e Prates (1996). Para além da empresa, essa questão cultural também se manifestou nas relações que os expatriados teceram fora do seu meio de trabalho.

É importante frisar que alguns estudos (Freitas, 1999; Sainsaulieu, 1999) indicam que, no caso de outros povos, não há necessariamente uma identificação positiva ou uma atitude de integração ao estrangeiro "colonizador", mesmo que este seja mais poderoso, e que se aliar com ele possa trazer benefícios. Em alguns povos a tradição cultural leva à busca do conflito e ao desafio do poder que o estrangeiro representa, mesmo dentro da organização. É o caso dos próprios franceses em relação aos norte-americanos, em empresas francesas subsidiárias de multinacionais norte-americanas (D'Iribarne, 1993).

No caso dos expatriados franceses, então, confirma-se neste estudo a tradição cultural de integração da cultura brasileira como facilitadora do sucesso de sua expatriação, além dos interesses de aliança política dos subordinados com seus chefes franceses dentro da empresa.

PRINCIPAIS FATORES QUE INFLUENCIARAM O SUCESSO OU O FRACASSO DO PROCESSO DE EXPATRIAÇÃO NA VISÃO DOS BRASILEIROS EXPATRIADOS NA FRANÇA

Caracterização do Grupo de Expatriados Brasileiros na França

Diferentemente da situação dos executivos franceses entrevistados, os executivos brasileiros entrevistados estavam indo para a França a partir da subsidiária brasileira de empresa francesa, aproximando-se assim do centro de decisões e de poder da empresa, como inclusive atesta EO7: "Trabalhar na matriz também foi um ponto que me atraiu. Participar das decisões e poder (...)."

Outro ponto em comum entre os brasileiros é que ir para a França significava uma "melhoria de *status* social e profissional". Eles iam para o "primeiro mundo" a partir do "terceiro mundo", e essa transferência era vista como uma forma de abrir novas oportunidades de carreira, o que fica claro nos seguintes relatos:

- EO5: "eu não via perspectiva de crescimento no Brasil e achava que a única maneira de me desenvolver era aceitar uma função no exterior".
- EO6: "aqui eu era auditor pleno, fui para lá como auditor sênior (...). Esse ambiente (cultural) me estimulava demais".
- EO7: "(...) chegou um momento em minha carreira em que eu senti que na Empresa X no Brasil eu não teria mais con-

dições de crescer (...) o lado cultural me interessava muito".
- EO8: "(...) você tem ambição? E eu sempre tive (...). Eu queria muito ir".

Todos os executivos brasileiros encontraram dificuldades para se inserir na empresa na França, descrevendo, inclusive, situações de "rejeição" e dificuldades no "clima organizacional" e no ambiente de trabalho. Na sua maioria, não se sentiram "queridos". Os franceses que os receberam o fizeram por uma espécie de "imposição". Era a subsidiária brasileira que tinha interesse em enviá-los para treinamento (casos de EO4 e EO8), ou para retê-los na empresa em função de mudanças de estrutura ou de ameaça de saída (casos de EO6 e EO7). Os franceses não viam valor agregado em recebê-los (vide, por exemplo, o relato de EO5: "Eles estavam me acolhendo porque a empresa no Brasil havia decidido formar brasileiros").

No caso dos quatro brasileiros entrevistados, identifica-se pouco esforço de preparação para a ida e/ou para acolhê-los ou integrá-los, o que podemos identificar, por exemplo, nos relatos de EO5 ao descrever as condições que lhe ofereceram: "(...) eu não tive nenhuma preparação para ir para lá (...) o apartamento [que ofereceram] era horrível, pequeno, escuro, feio, velho" ou de EO8, quando fala do suporte financeiro recebido: "eles foram muito sovinas (...)".

Ainda no caso dos brasileiros, um aspecto relevante que aparece para a maioria é a menor clareza com relação ao posto de trabalho, às responsabilidades, o que corrobora a pouca disposição por parte da matriz em preparar sua chegada.

Quanto ao fator sucesso no processo de expatriação, há aspectos singulares no caso dos brasileiros, dadas as características específicas desse grupo. Como parte deles foi sem uma maior clareza de missão e tempo, esses critérios ficam mais fluidos, mas tomaremos como referência sua própria percepção de sucesso. Nesse sentido, apenas EO6 deixa explícita uma "decepção" com a volta, que sentiu como prematura ("Eu fiquei com um gosto de "inachevé", o que foi uma pena"). Os demais avaliaram o resultado de sua expatriação como positivo: nenhum voltou antes do tempo que se propôs (ou que a empresa propôs), e sentiram que atingiram de alguma forma os objetivos que se propuseram. No entanto, diferentemente dos franceses, nem todos tiveram uma ascensão dentro da empresa posterior ao retorno: EO6 voltou sem ter uma posição clara, e EO7 foi desligado da empresa.

Cabe ressaltar, como último ponto, que os brasileiros fixaram suas maiores dificuldades de inserção no que tange aos aspectos profissionais, o que leva a um olhar para dentro do mundo organizacional, como veremos na análise que segue.

Fatores que Influenciaram o Processo de Adaptação do Subgrupo de Brasileiros Expatriados na França

Os brasileiros não tiveram um facilitador por parte da cultura francesa, diferentemente do que pudemos verificar no caso dos franceses que chegaram ao Brasil. Nesse aspecto, também vamos encontrar a influência dos traços históricos da cultura francesa. Como nos revela D'Iribarne (1993), a sociedade francesa é caracterizada pela "lógica da honra", em que cada grupo tem um lugar específico na sociedade, em que se faz a diferença de níveis e a oposição entre os mais e menos "nobres", em que a cultura é um referencial de senso. Podemos considerar que os brasileiros entrevistados chegaram à França, mas não faziam parte desse referencial, logo foram considerados "menos nobres", e daí podemos depreender os motivos dos sentimentos de "rejeição" e "pouca guarida".

Essa característica descrita por D'Iribarne (1993) é reforçada pelo sistema educacional francês. Esse sistema é focado no conhecimento e na inteligência, e é estruturado de forma a prover melhores oportunidades aos melhores estudantes. Não há igualdade de oportunidade na educação francesa, o acesso às melhores escolas só é possível aos estudantes mais brilhantes. Os gestores são denominados "cadre" (figura originária do meio militar), uma espécie de "intermediário" entre os trabalhadores e os empregadores. Ser denominado "cadre" na França é como passar por um teste de inteligência, que atribui ao indivíduo uma capacidade mais elevada de análise lógica, o que corrobora o distanciamento da pessoa que detém esse título do resto da organização (Gröschl e Barrows, 2003).

Apesar de todos os brasileiros possuírem formação universitária, e terem sido expatriados em uma posição de nível superior na subsidiária, essa formação não era reconhecida pelos franceses, que se utilizam de seus próprios referenciais para avaliar o que é ou não uma formação de "elite". Vimos que EO8, para reforçar seu posicionamento na empresa na França, foi buscar uma especialização numa escola que era referendada pelos franceses (Insead), mesmo tendo se formado numa das escolas de "elite" brasileiras.

Logo, não fazendo parte da "lógica de honra" da cultura, não tendo sido formados no modelo educacional de elite, e adentrando o meio dos "nobres", não houve para os brasileiros facilidades de inserção na empresa. Diante dessas circunstâncias, os brasileiros que se integraram tiveram que "estudar a maneira de ser local", os jogos de poder daquele ambiente, para se adaptarem. O esforço de integração ao poder local, na matriz, ocorreu por parte dos expatriados brasileiros, uma vez que os traços da cultura francesa acima descritos não favoreceram um movimento de abertura e receptividade por parte dos franceses.

Aqui encontramos elementos da análise crozieriana na linha do Poder. Como já mencionamos, todos os brasileiros entrevistados tinham um interesse estratégico nessa expatriação, que representava não só o acesso ao primeiro mundo, como também sua oportunidade de ascensão pessoal e profissional. Relembramos os pontos da análise dos traços da cultura brasileira que fizemos com relação aos franceses expatriados no Brasil. Neles vimos que aqui há um culto ao estrangeiro e ao que vem de fora como sendo melhor. Ora, ir para fora do país, para a França, é visto com muito bons olhos pelos brasileiros, é um "privilégio" que precisa ser mantido a todo custo.

Para manter esse privilégio e para garantir suas oportunidades de ascensão, os brasileiros entrevistados buscaram identificar os jogos de poder na matriz e se inserir neles. Foram à busca de estabelecer relações que pudessem favorecer sua inserção (como trazem claramente EO6 e EO7 nos seguintes trechos: "(...) para cada pessoa eu tinha uma estratégia de aproximação (...) eu criei um ambiente bom, com essas pessoas" – EO6; "Eu procurei uma estratégia, se é que se pode dizer isso, procurei tecer alguns relacionamentos (...)" – EO7). Procuraram também clarificar papéis e encontrar um lugar definido nessa sociedade que tanto valoriza esses papéis. Como nos indicam Crozier e Friedberg (1977), o claro papel do indivíduo na organização francesa é fundamental para que exerça seu poder. É a forma de se diferenciar e exercer seu poder:

> O *expert*, que domina diante dos outros uma fonte de incertezas cruciais para eles, utilizará naturalmente o poder de que ele dispõe para ampliar suas vantagens frente aos outros e às suas custas. Mas ele não poderá fazê-lo a não ser de uma certa forma e dentro de certos limites. Pois, para que ele possa prosseguir a dispor de seu poder, é necessário "continuar o jogo". Ele poderá fazê-lo se satisfizer no mínimo parcialmente às expectativas dos outros a seu respeito, ou seja, controlando, no mínimo parcialmente, o que constitui sua "fonte de incerteza". (Crozier e Friedberg, 1977, p. 104)

Assim, podemos entender que não clarificar aos brasileiros seu papel na estrutura francesa é uma forma de os franceses manterem seu domínio de poder sobre pontos de *expertise*. Aos brasileiros que buscaram sua adaptação coube esclarecer esse papel e procurar seu posicionamento claro na estrutura. EO5 e EO8 "entraram nesse jogo" e conseguiram estabelecer papéis claros, o que favoreceu suas adaptações, permanências e o sucesso que atribuem à sua expatriação. Já EO6 e EO7 encontraram mais dificuldade de encontrar esse papel, o que acabou de certa forma, em ambos os casos, promovendo suas voltas.

Além disso, como já vimos anteriormente, para Crozier e Friedberg (1977), a mudança, fator preponderante para um processo de adaptação, implica a capacidade de tolerar a diversidade e de gerir as tensões inevitáveis, que permitam conquistar maiores competências. Os entrevistados brasileiros expatriados na França, na busca de adaptação, procuraram desenvolver essa capacidade de tolerância ao novo e desenvolver novos aprendizados a partir dessa experiência, como nos atesta, por exemplo, EO5: "(...) eu comecei a não entrar tanto em confronto com aquela mudança cultural, com aquela mudança de comportamento, mas a aceitar que era diferente. E que (eu) tinha que encontrar a maneira de conviver com aquilo".

Resumindo: num ambiente hostil, fruto de características culturais próprias do modelo francês (relacionadas à "lógica da honra"), os brasileiros fundamentaram sua adaptação na inserção nos jogos de poder da empresa, buscando definir um papel claro, estabelecer relações com pessoas componentes do lado "nobre" e que facilitassem seu trânsito, inserindo-se no modelo educacional valorizado. Podemos dizer que eles tinham interesse em se dar bem no novo contexto para poder ter prestígio e ascensão, mas não havia interesse por parte dos franceses em "ceder-lhes" espaço (daí a não formatação clara de suas posições, por exemplo). Cabia aos brasileiros "provar que tinham algo a agregar", lutando por seu espaço de atuação e/ou buscando os símbolos referenciados pelos franceses – exemplo em EO8: "(...) o Insead foi um pouco a grife que eu precisava. Aí eles puderam dizer: agora ele tem um selo de qualidade francês".

Enfim, encontramos nesse grupo elementos que influenciaram a adaptação e o resultado da expatriação (visto do ponto de vista sucesso/fracasso) tanto referentes à visão de Philippe D'Iribarne (1993), ligada aos elementos culturais, como à visão de Crozier e Friedberg (1977), relacionada às estratégias de negociação e à inserção em jogos de poder que, de acordo com esses autores, implicam um processo de aprendizagem de novas capacidades coletivas, que permitam aos atores atuar num novo contexto e obter suas estratégias.

Vale relembrar o que postulam Crozier e Friedberg (1977) a esse respeito:

> A mudança (como aprendizagem de novas formas de ação coletiva) tem duas faces. Ela é mudança de uma atividade, de uma função, de um modo operatório, de uma técnica com um fim econômico, social ou financeiro. Mas é ao mesmo tempo, também e sempre, transformação de características e modos de regulação de um sistema, e pode ser, no limite, transformação dos próprios mecanismos de mudança. (Crozier e Friedberg, 1977, p. 391)

Conclusão

EXPATRIAÇÃO: CULTURA, PODER OU AFETIVIDADE COMO DIFERENCIAIS?

Por meio de um aprendizado heurístico (por ensaio e erro), em sua adaptação à organização no estrangeiro, o expatriado vai "testando" as estratégias que funcionam ou não e retendo as que funcionam, o que exige, em certa medida, uma aprendizagem cultural que envolve:

- entender como desempenhar os papéis sociais na organização no país estrangeiro. Esse mesmo papel pode ser desempenhado de modos distintos nos dois países (país de origem e país de destino) – o que é considerado "certo" e visto como "positivo" em um país pode não o ser no outro;
- conhecer as novas formas relacionais – modos de estabelecer relações com pessoas do outro país.

Concluímos assim que, na visão dos entrevistados, tanto a sua capacidade de ação estratégica – discernir os modos de regulação social das organizações no outro país, estabelecendo alianças vencedoras – como a sua capacidade de adaptação aos padrões de uma nova cultura, com toda a sua carga de afetividade, reações defensivas etc., foram responsáveis pelo sucesso de sua expatriação. Esses três conceitos estão, na realidade, interligados. Cada linha teórica foca em uma forma de análise, com metáforas como "Poder", "Cultura" e "Afetividade" (Psicodinâmica), mas na experiência concreta, multifacetada, essas dimensões se misturam nas narrativas.

Nesse sentido, o paradigma crítico de estudos organizacionais (gestão das contradições) e **os de mudança dialética, transformacional e paradoxos organizacionais reconhecem essa multiplicidade de análises. Essas abordagens organizacionais levam os estudos de expatriação a uma perspectiva da formação de agentes de mudança e formação de líderes de processos de mudança transformacional**. São estas as linhas futuras de estudo de expatriação, e para relembrar as características desse modelo transformacional, seguem seus principais objetivos:

- a organização é constituída por atores sociais, sendo considerada um sistema psicológico, político e histórico;
- a organização apresenta convergências e divergências essenciais, frutos de uma dialética de evolução contínua, a ser gerida em permanência;
- os atores são ao mesmo tempo racionais e irracionais, possuindo pulsões de vida e de morte (Eros-Tanatos);
- as referências teóricas são múltiplas (sociologia, economia, história, psicanálise, psicologia cognitiva, construtivismo, filosofia etc.);
- a postura metodológica é eclética, adotando, entre outros, a análise crítica e discursiva, comparativa e histórica, pesquisa–ação;

- a eficiência econômica é diferente da eficiência social, gerando conseqüências diversas;
- o meio ambiente é socialmente construído;
- observa-se a valorização da diversidade cultural e dos aspectos éticos da decisão;
- a mudança é simultaneamente central e local (ordem/desordem);
- as decisões são contingentes, não existindo modelo ideal de comportamento e de estrutura organizacional.

Os novos estudos de expatriação provavelmente deverão se inserir, assim, nos estudos de paradoxos e contradições que englobam esses processos.[1]

---

[1] Sugerimos ao leitor ver estudos do Enanpad – Encontro Nacional da Anpad: site: www.anpad.org.br; Egos: European Group of Organizational Studies: www.egos.org.br; Academy of Management: www.aom.pace.edu; Eneo – Encontro de Estudos Organizacionais: www.anpad.org.br, entre outros, para acompanhar os estudos e as tendências futuras nesta área.

Referências Bibliográficas

Tendo em vista que este livro abarca a expatriação com relação a grandes linhas teóricas 1) gestão de pessoas – modelo estratégico (ou "competências" ou "político", de acordo com várias denominações); teoria dos recursos da firma; globalização; a corrente do poder e da burocracia; a corrente cultural (interacionismo simbólico e cultura nacional); a corrente psicodinâmica, a mudança organizacional e o modelo dialético das contradições e paradoxos e os fenômenos de identidade social, selecionamos uma bibliografia que permitirá ao leitor não só se aprofundar no tema expatriação propriamente dito, mas também nas linhas teóricas que acompanham cada temática à qual a expatriação está associada no livro. Para não sobrecarregarmos o texto, a fim de deixá-lo mais fluido, optamos por colocar nas referências vários livros para aprofundamento, por temas, bem como artigos científicos, classificando-os segundo seu tema ou ainda se trata do assunto expatriação em uma perspectiva mais específica. *Alguns textos cujos títulos são auto-explicativos dispensam comentário*. Assim o leitor poderá optar por várias escolhas na bibliografia. Em razão do número de livros e artigos citados, com um breve comentário, dispensamos a seção "Bibliografia Comentada" por achar que este livro se adapta melhor nesta temática ao nosso objetivo de iniciação à pesquisa sobre o tema expatriação.

AGUIZZOLI, R. L; ARAMBURU, J. V.; ANTUNES, E. D. Capacitar para desenvolver: como multinacionais estrangeiras no Brasil investem em sua mão-de-obra? *Anais do Enanpad*, Salvador, 2006. (Gestão Internacional de Recursos Humanos e Expatriação.)

AIDAR, M. M. et al. Cultura organizacional brasileira. In: WOOD JR.,T. *Mudança organizacional*. São Paulo: Atlas, 2002. (Corrente ligada aos estudos culturais.)

ALBERT, S.; ASHFORTH, B.; DUTTON, J. Organizational identity and identification: charting new waters and building new bridges. *The Academy of Management Review*, n. 25, v. 1, p. 13-18, jan. 2000. (Estudos sobre identidade social nas organizações.)

ALTER, N. Logiques de l'entreprise informationnelle. *Revue Française de Gestion*, p. 29-39 jun./jul./out. 1990. (Estudos sobre globalização e modelo pós-industrial.)

AMADO, G. Angoisse et creativité face aux différences culturelles. *Les Cahiers*, n. 9, p. 85-90, set. 1998. (Estudos ligados à teoria psicodinâmica.)

AMANN, B.; JAUSSAUD, J. L'entreprise familiale: le cas du Japon à la lumière des recherches sur les cas occidentaux. In: GAN, X.; DZEVER, S.; JAUSSAUD, J. (eds.). *Economic dynamism and business strategie in Asia: implications for European firms*. Pequim: China Economic Publishing, 2005. (Classificação: estudos ligados ao paradigma culturalista.)

AMANN, B.; JAUSSAUD, J.; KANIE, A Activisme des actionnaires et responsabilité sociale de l'entreprise au Japon. *Ebisu*, Revue de Recherche de La Maison Franco-Japonaise, Tóquio, nov./dez. 2004. (Estudos ligados à integração/diferenciação e corrente culturalista.)

AMASON, A. C. Distinguishing the effects of functional and dysfunctional conflict on strategic decision making: Resolving a paradox for top management teams. *Academy of Management Journal*, v. 39, p. 123-148, 1996.

APEL, K. *L'ethique à l'age de la science*. Lille: PUL, 1994.

ARGYRIS, C. *On organizational learning*. Cambridge, MA: Blackwell, 1992. (Estudos ligados à inovação e aprendizagem organizacional.)

ARGYRIS, C.; SCHÖN, D. Organizational learning: a theory of action perspective. *Reading*. Cambridge, MA: Addison-Wesley, 1978. (Estudos ligados a aprendizagem organizacional, competências e inovação.)

BARBOSA, A. C. Q.; FERRAZ, D. E.; LOPES, D. Competências nas organizações: O discurso e a prática na gestão de pessoas. *Anais do Enanpad*, Salvador, 2002. (Estudos ligados à gestão de pessoas por competências.)

BARLETT, C.; GHOSHAL, S. *Transnational management*. Boston: Irwin, 1992.

BARNEY, J. Firm resources and sustained competitive advantage. *Journal of management*, v. 17, n. 1, p. 99-120, 1991. (Para aprofundamento sobre a teoria dos recursos da firma.)

BARROS, B. T., PRATES, M. A. S. *A arte brasileira de administrar*. São Paulo: Atlas, 1996.

BARUCH, Y.; ALTMAN, Y. Expatriation and repatriation in MNCs: a taxonomy. *Human Resource Management*, Nova York, v. 41, n. 2, p. 239, verão de 2004. (Estudos sobre Gestão Internacional de Pessoas e Expatriação.)

BEER, M. et al. *Human ressource management*. Glencoe, Il: Illinois Free Press, 1985.

BELL, D. *The coming of post-industrial society*. Nova York: Basic Books, 1973.

BERGAMINI, C. W.; CODA, R. *Psicodinâmica da vida organizacional*. São Paulo: Atlas, 1997.

BERGER, P.; LUCKMANN, T. A *Construção social da realidade*. Petrópolis: Vozes, 1989. (Para aprofundamento sobre o interacionalismo simbólico, corrente cultural sobre expatriação.)

BERGER, P. *Perspectivas sociológicas*. Petrópolis: Vozes, 2000. (Para uma primeira leitura sobre interacionismo simbólico.)

BION, W. R. *Experiences in groupes*. Nova York: Basic Books, 1959. (Estudos clássicos do paradigma psicodinâmico, para aprofundamento.)

BITENCOURT, C. *A gestão de competências gerenciais e a aprendizagem organizacional*. Campinas: Enanpad, 2001. (Estudos clássicos sobre gestão por competências, gestão estratégica de pessoas.)

BLACK, J. S.; GREGERSEN, H. B.; MENDENHALL, M. E. *Global assignments*: successfully expatriating and repatriating international managers. São Francisco: Jossey-Bass, 1992. (Livro mais pragmático sobre a prática dos procedimentos técnicos de expatriação – visão instrumental da expatriação.)

BLYTON, P.; TURNBULL, P. (eds.). *Reassessing human resource management*. Londres: Sage, 1992. (Aprofundamento em gestão de pessoas).

BOUDON, R. *La logique du social*. Paris: PUF, 1979. (Estudos sobre sociologia e racionalidade limitada sobre a visão sociológica, efeito posição e disposição.)

BOWMAN, C.; AMBROSINI, V. How the resource based and the dynamic capability views of the firm inform corporate-level strategy. *British journal of management*, v. 14, p. 289-303, 2003. (Para aprofundamento sobre a teoria dos recursos da firma e teoria das capacidades dinâmicas que embasam a primeira visão de expatriação apresentada.)

BOXALL, P. Strategic human resource management: beginning of a new theoretical sophistication? *Human resource management journal*, v. 2, n. 3, p. 60-76, 1992. (Para aprofundamento no modelo estratégico de gestão de pessoas.)

BOYZATIZIS, R. *The competent manager*: A model for effective performance. Nova York: Wiley, 1982.

BRABET, J. *Repenser la gestion des ressources humaines?* Paris: Economica, 1993. (Para aprofundamento nos três modelos de gestão de pessoas apresentados no livro, que embasam três conceitos diferentes de expatriação.)

BROWN, A. D.; STARKEY, K. Organizational identity and learning: a psychodynamic perspective. *The Academy of Management Review*, n. 25, v. 1, p. 102-120, 2000. (Para aprofundamento em identidade social na visão psicodinâmica, associada com mudança. A expatriação é um momento de "choque" e "desconstrução" identitária, por isso esse tema correlato.)

BURNS, T.; STALKER, G. M. *The management of innovation*. Londres: Tavistock, 1961. (Livro clássico sobre inovação para compreensão depois dos outros conceitos tratados no livro.)

CALDAS, M; WOOD JR., T. *Transformação e realidade organizacional*. São Paulo: Atlas. 1999. (Livro que trata de vários temas ligados à mudança organizacional e cultural nas organizações, pioneiro ao tratar destes temas.)

CALDAS, M. P. Santo de casa não faz milagre. In: MOTTA, F. C. P.; _____. *Cultura organizacional e cultura brasileira*. São Paulo: Atlas, 1997. (Livro que trata dos aspectos nacionais da cultura brasileira. Para aprofundamento na corrente cultural de expatriação.)

CALIGARIS, C. *Hello Brasil*. São Paulo: Escuta, 1997. (Trata dos aspectos da cultura brasileira para aprofundamento.)

CALIGIURI, P.; DI SANTO, V. Global Competence: What is it, and can it be developed through global assignments? Human Resource Planning, v. 24, n. 3, p. 27, 2001. (Estudos sobre globalização, pólos global/local, diferenciação e integração em multinacionais e criação de competências do executivo global.)

CAMERON, K. S.; QUINN, R. Organizational paradox and transformation. In: QUINN, R. E.; CAMERON, K. S. (eds.). Paradox and transformation: Toward a theory and change in management: 12-18. Cambridge, MA: Ballinger, 1998. (Livro para aprofundamento no modelo transformacional, o último apresentado, futura tendência nos estudos organizacionais, de gestão de pessoas e expatriação, combinando diversas teorias.)

CAPPELLE, M. C.; BRITO, M. Relações de poder no espaço organizacional: O caráter disciplinar das práticas de gestão de pessoas em uma organização de desenvolvimento de software. *Anais do Enanpad*, Salvador, 2002. (Para aprofundamento na corrente do poder, aqui, unindo a análise com gestão de pessoas.)

CASTELLS, M. *A sociedade em rede*. São Paulo: Paz e Terra, 1999. (Excelente estudo para aprofundamento nas características da globalização e economia social.)

CERDIN, J.-L. *L'expatriation*. Paris: Éditions d'Organisation, 2002. (Livro ligado à corrente psicodinâmica sobre expatriação.)

CHANLAT, J. F. *O indivíduo na organização*. São Paulo: Atlas: 1996.

COLE, K. Globalization: understanding complexity. *Progress in Development Studies*, v. 3/4, p. 323-338, 2003. (Estudos sobre globalização.)

CROZIER, M. *Le phénomène bureaucratique*. Paris: Seuil, 1964. (Livro para aprofundamento na corrente do poder.)

_____. *On ne change pas la société par décret*. Paris: Grasset, 1979. (Livro para aprofundamento na corrente do poder.)

CROZIER, M. *L'entreprise a l´ecoute*. Paris: Seuil, 1981.

_____. *L'entreprise à l'écoute*. France: InterEditions; Seuil, 1994. (Livro para aprofundamento sobre a sociedade pós-industrial e/ou informacional e as empresas informacionais.)

CROZIER, M.; FRIEDBERG, E. *L'acteur et le systeme*. Paris: Seuil, 1977. (Livro para aprofundamento na corrente do poder.)

DE GAULLEJAC, V. *Le cout de l´excellence*. Paris: Seuil, 1991.

DE MASI, D. *A sociedade pós-industrial*. São Paulo: Senac, 1999.

D'IRIBARNE, P. *La logique de l'honneur*. Paris: Essais Point, 1993. (Reprodução do original da Édition du Seuil, 1989.) (Livro para aprofundamento na escola culturalista (cultural) sobre expatriação.)

DAVIS, A. S.; MARANVILLE, S. J.; OBLOJ, K. The paradoxical process of organizational transformation: Propositions and a case study. *Research in Organizational Change and Development*, n. 10, p. 275-314, 1997. (Texto para aprofundamento em estudos críticos sobre o paradigma transformacional e a expatriação neste contexto.)

DEJOURS, C. Intelligence pratique et sagese pratique: deux dimensions meconnues du travail reel. *Education Permanente*, n. 116, p. 22-34, 1987. (Texto para aprofundamento sobre psicodinâmica e identidade social, temas ligados à expatriação.)

DENILSON, D. et al. Paradox and performance: Toward a theory of behavioral complexity in managerial leadership. *Organization Science*, v. 6, p. 524-540, 1995.

DIAMOND, M. Bureaucracy as externalized self-system: a view from the psychological interior. In: HIRSCHHORN, L.; BARNETT, C. *The psychodynamics of organizations*. Philadelphia: Temple, 1993. p. 219-236.

DUTRA, J.; HIPOLITO, J. A. M.; SILVA, C. Gestão de pessoas por competências: o caso de uma empresa do setor de telecomunicações. *RAC*, v. 4, n. 1, p. 161-176, jan./abr. 2000. (Texto para aprofundamento em gestão de pessoas por competências – tema ao qual a expatriação é ligada, conforme apresentado.)

EBOLI, M. Administração intercultural e a gestão de recursos humanos. *Anais do XVIII Enanpad*. Recursos Humanos, Curitiba, 1994, p. 120-127.

(Texto sobre administração entre diferentes culturas e gestão de pessoas, o que envolve a expatriação como processo.)

ECHEVESTE, S. et al. Perfil do executivo no mercado globalizado. *Anais da Anpad*, 1998. (Texto para aprofundamento sobre o perfil do executivo global.)

EISENHARDT, K. M. Paradox, spirals, ambivalence: the new language of change and pluralism. *The Academy of Management Review*, v. 25, n. 4, p. 703-706, 2000. (Texto para aprofundamento sobre a corrente transformacional, última tendência apresentada, e sobre o estudo dos paradoxos e da expatriação neste contexto.)

ENRIQUEZ, E. *L'organisation en analyse*. Paris: PUF, 1991. (Texto para aquisição de conhecimentos sobre o paradigma psicodinâmico.)

_____. *Da horda ao Estado*. São Paulo: Atlas, 1997.

ERIKSON, E. Adolescence et crise? La quête de l'identité. Paris: Flammarion, 1972. (Texto para aprofundamento no tema identidade social, ao qual a expatriação é relacionada.)

FARIA J. H; MENEGUETTI, F. *As novas formas de controle psicológico no trabalho*. Campinas: Enanpad, 2001. (Texto para aprofundamento no paradigma crítico de gestão de pessoas.)

FARSON, R. *Mangement of the absurd*: Paradoxes in leadership. Nova York: Simon and Schuster, 1996.

FESTINGER, L. *A theory of cognitive dissonance*. Nova York: Prentice-Hall, 1957. (Texto clássico para estudo do paradigma psicodinâmico.)

FITZGERALD-TURNER, B. Myths of expatriate life. *HRMagazine*, p. 65-74, jun. 1997. (Texto sobre o processo de expatriação, escrito em linguagem informal.)

FLEURY, M. T.; FISCHER, R. M. *Cultura e poder nas organizações*. São Paulo: Atlas, 1992. (Texto para aprofundamento no paradigma do poder.)

FONSECA, C.; MEDEIROS, M. L.; CLETO, M. A estrutura de filiais de transnacionais para receber gerentes expatriados: estudo comparativo de casos. *Anais do Enanpad*, Florianópolis, 2000. (Texto específico para estudar gestão internacional de pessoas – integração/diferenciação, global/local – e o papel da expatriação nestes processos.)

FORD, J. D.; FORD, L. W. Logics of identity, contradiction and attraction in change. *Academy of Management Review*, n. 19, p. 756-795, 1994. (Texto sobre mudança organizacional e identidade, temas ligados à expatriação e à formação de agentes de mudança. Trabalha com o conceito de contraditório e paradoxos.)

FRAZEE, V. Send your expats prepared for success. *Workforce*, v. 4, n. 2, p. 6-8, mar. 1999. (Texto informal sobre expatriação para primeira leitura.)

FREITAS, A. B. Traços brasileiros para uma análise organizacional. In: MOTTA, F. C. P.; CALDAS, M. P. *Cultura organizacional e cultura brasileira*. São Paulo: Atlas, 1997. (Texto para aprofundamento sobre o paradigma cultural apresentado.)

FREITAS, M. E. *Cultura organizacional*. Formação, tipologias e impacto. São Paulo: Makron Books. 1991.

_____. Vida de executivo expatriado: a festa vestida de riso ou de choro. *Anais da Anpad*, 1999.

_____. *Cultura organizacional*: identidade sedução e carisma? Rio de Janeiro: FGV, 1999.

_____. Como vivem os executivos expatriados e suas famílias? Relatório do GV-Pesquisa, 117 p., para download no link http://www.eaesp.fgvsp.br/AppData/GVPesquisa/Rel07-2000.pdf, Escola de Administração de Empresas de São Paulo da Fundação Getulio Vargas. (A autora fez diversos trabalhos e pesquisas amplas sobre o tema expatriação e este trabalho é fundamental para aprofundamento sobre o tema.)

FRIEDBERG, E. *Le pouvoir et la règle*. Paris: Seuil, 1993. (Livro para aprofundamento sobre a teoria do poder.)

FROST, P.; ROBINSON, S. The toxic handler: organizational hero and casualty. *Harvard Business Review*, v. 77, p. 97-106, 1999.

GABRIEL, Y. *Organizations in depth*. Londres: Sage, 1999.

GARFINKEL, H. *Studies in ethnomethodology*. Englewood Cliffs, NJ: Prentice-Hall, 1967. (Leitura para quem for fazer pesquisas na tradição culturalista utilizando técnicas de etnometodologia aplicadas à administração.)

GEERTZ, C. *A interpretação das culturas*. Rio de Janeiro: LTC, 1989.

GLANZ, L. Expatriate stories: a vehicle of professional development abroad? *Journal of Managerial Psychology*, v. 18, p. 259, 2003. (Leitura para compreensão do fenômeno expatriação e da experiência.)

GOFMANN, E. *The presentation of self in every day life*. Garden City, NY: Doubleday, 1959. (Livro indispensável para aprofundamento na tradição do Interacionalismo simbólico/Escola de Chicago.)

GOULDNER, A. *Patterns of industrial bureaucracy*. Glencoe, Il: Free Press, 1954. (Leitura fundamental para compreensão do conceito de disfunção e aprofundamento na teoria da burocracia.)

GRÖSCHL S.; BARROWS, C. W. A cross-cultural comparison of French and British managers: an examination of the influence of higher education on management style. *Tourism and Hospitality Research*, v. 4/3, mar. 2003.

GUZZO, R. A.; NOONAN, K. A.; ELRON, E. Expatriate managers and the psychological contrat. *Journal of Applied Psychology*, v. 79, n. 4, p. 617-626, 1994.

HABERMAS, J. *Ethique de la discusión*. Paris: Cerf, 1992.

HANDY, C. *The age of paradox*. Cambridge, MA: Harvard Business School Press, 1994.

HARRIS, P. R.; MORAN, R. T. *Managing cultural differences*. Houston: Gulf, 1993.

HECKSCHER, C.; DONNELLON, A. *The post-bureaucratic organization*. Thousands Oaks: Sage, 1994.

HIRSCHHORN, L. *Reworking authority*. Cambridge, MA: The MIT Press, 1997. (Livro pequeno, de fácil leitura para estudos do paradigma psicodinâmico e da sociedade pós-industrial.)

HIRSCHHORN, L.; BARNETT, C. *The psychodynamics of organizations*. Philadelphia, PA: Temple University Press, 1993.

HOFSTEDE, G. Cultures and organizations: software of the mind. Londres: McGraw-Hill, 1991. (Um estudo clássico e fundamental para a compreensão do paradigma da cultura nacional de outra perspectiva que a apresentada neste livro. Trata-se de estudos sobre cultura nacional a partir de estudos quantitativos.)

JAQUES, E. Social systems as a defense against persecutory and depressive anxiety. In: KLEIN, M. (ed.). *New directions in psychoanalysis*. Londres: Tavistock, 1955. (Estudo clássico sobre o paradigma psicodinâmico aplicado às organizações, para aprofundamento.)

JAUSSAUD, J.; SCHAAPER, J. Control Mechanisms of their subsidiaries by multinational Firms: a multidimensional perspective. *Journal of International Management*, v. XII, 2006. (Estudo sobre ntegração/diferenciação, gestão dos pólos local/global, tema associado a uma das correntes de expatriação apresentadas.)

JAUSSAUD, J. Rapprochements bancaires et recomposition des groupes multisectoriels au Japon. *Japon Pluriel 5*, Actes du Cinquième Colloque de la Société Française des Etudes Japonaises. Paris: Editions Philippe Picquier, 2004. (Estudo sobre paradigma cultural aqui apresentado sobre cultura japonesa e gestão, para aprofundamento.)

JOLY, A. Alteridade: ser executivo no exterior. In: CHANLAT, J. F. (coord.); TÔRRES, O. de L. S. (org. da ed. bras.). *O indivíduo na organização*: dimensões esquecidas. v. 1. São Paulo: Atlas, 1993. (Paradigma psicodinâmico e expatriação, para aprofundamento.)

KETS DE VRIES, M. F. R. *Organizational paradoxes*: Clinical approaches to management. Nova York: Rudlege, 1995. (Para aprofundamento na corrente dialética e modelo transformacional apresentados, além do estudo de paradoxos, cf. conclusão, com estudo da expatriação neste contexto.)

KLEIN, M. *Contributions to psycho-analysis*. Londres: Hogarth Press, 1965. (Textos clássicos para estudo e aprofundamento do paradigma psicodinâmico, apresentado rapidamente neste livro.)

KLEIUN, J. A. The paradox of quality management: Commitment, ownership and control. In: HERCKSCHER, C.; DONNELLON, A. (eds.). *The postbureaucratic organization*: new perspectives on organizational change. Thousand Oaks, CA: Sage, 1994. p. 178-194. (Estudos fundamentais para aprofundamento no paradigma transformacional e mudança organizacional.)

KUNDA, G. Idelogy as a system of meaning. The case of the Israeli Probation Service. *International Studies of Management e Organization*, v. XVI, n. 1, p. 54-79, 1986. (Para aprofundamento em estudos sobre cultura e controle social.)

LANE, C.; BACHMANN, R. *Trust within and between organizations*. Oxford: Oxford University Press, 1998.

LAVATY, S.; KLEINER, B. H. Managing and understanding the French employee. *Management Research News*, Patrington, v. 24, n. 3/4, p. 45, 2001. (Para aprofundamento sobre gestão e cultura francesa.)

LAWRENCE P.; LORSCH, J. *Organization and environment*: Managing differentiation and integration. Boston, MA: Harvard University Press, 1967. (Estudos clássicos para aprofundamento sobre a questão da integração e diferenciação.)

LE BOTERF, G. Competence collective de l'éntreprise. *Gestion*, v. 22, 1997.

LEONARD-BARTON, D. Core capabilities and core rigidities: A paradox in managing new product development. *Strategic Management Journal*, n. 13, p. 111-125, 1992. (Para aprofundamento sobre Inovação e teoria dos recursos da firma /capacidades dinâmicas.)

LEWIS, K. G. Breakdown: A psychological contract for expatriates. *European Business Review*, v. 9, p. 279-293, 1997.

LEWIS, M. W. Exploring paradox: toward a more comprehensive guide. *The Academy of Management Review*, v. 25, n. 4, p. 760-776, 2000. (Para uma primeira leitura sobre o tema paradoxos.)

LORBIECKI, A. Changing views on diversity management. *Management learning*, Thousand Oaks, v. 32, n. 3, p. 345, 2001. (Gestão da diversidade cultural. Texto mais pragmático.)

McRTORY, B.; CROZET, D. *Gestion des ressources humaines*. Paris: Natan, 1988.

McCLELLAND, D. C. Testing for competence rather than intelligence. *American Psychologist*, Washington, DC, 1973.

McCLELLAND, D. C.; DAILEY, C. Improving officer selection for the foreign service. Boston: McBer, 1972.

MEIER, O. *Management interculturel*. Paris: Dunod, 2004.

MENDENHALL, M.; PUNNETT, B. J. Managing the expatriate manager. *Global Management*, Blackwell Pub., p. 463-495, 1995. (Texto pragmático.)

MERTON, R. K. La théorie du groupe de référence et la mobilité sociale. In: LEVY, A. (ed.). *Psychologie sociale*. Paris: Dunod, 1965.

_____. Bureaucratic structure and personality. *Social Forces*, v. XVIII, p. 560-568, 1949.

_____. Structure sociale et anomie. In: LEVY, A. (ed.). *Psychologie sociale*. Paris: Dunod, 1965. (Os três textos acima são textos clássicos de Merton para aprofundamento, citado no livro.)

MINTZBERG, H; AHLSTRAND, B.; LAMPEL, J. *Safári de estratégia*. Porto Alegre: Bookman, 2000. (Livro básico para aprofundamento em estratégia empresarial e compreensão da "escola da aprendizagem" citada neste livro.)

MORGAN, G. *Imagens da organização*. São Paulo: Atlas. 1996. (Livro fundamental para estudo das organizações através de metáforas.)

MORRISON, A.; GREGERSON, H.; BLACK, S. The global leader. *Human Resource Management International Digest*, Bradford, maio 1999. (Texto extremamente útil para compreender as características do executivo global e expatriação.)

MOTTA, F. C. P. Cultura e organizações no Brasil. In: MOTTA, F. C. P.; CALDAS, M. P. *Cultura organizacional e cultura brasileira*. São Paulo: Atlas, 1997.

MOTTA, F. C. P.; VASCONCELOS, I. F. G. *Teoria geral da administração*. São Paulo: Thomson, 2002. (Livro para um primeiro aprofundamento em teorias como poder, cultura, racionalidade limitada etc.)

MOTTA, F. C. P. et al. O novo sentido da liderança: controle social nas organizações. In: WOOD JR., T. (ed.). *Mudança organizacional*. São Paulo: Atlas, 2000. p. 117-149. (Texto para compreensão de questões ligadas ao poder e à cultura organizacional como forma de controle social.)

MOURA, M. C. C. de; BITENCOURT, C. C. A articulação entre estratégia e o desenvolvimento de competências gerenciais. *RAE Eletrônica*, v. 5, n. 1, art. 3, jan./jun. 2006.

MURNIGHAM, J.; CONLON, D. The dynamics of intense work groups: a study of British string quarters. *Administrative Science Quarterly*, n. 36, p. 165-186, 1991.

NUNES, L. H. Valores, cultura franco-brasileira e ação estratégica: uma análise crítica dos fatores responsáveis pelo sucesso de expatriados franceses no Brasil e brasileiros na França. São Paulo, 2005. Dissertação (Mestrado) – Universidade Presbiteriana Mackenzie. (A autora teve o seu trabalho reconhecido na França, defendeu a dissertação novamente neste país, em francês, na Université de Pau et du Pays de L'Adour e também recebeu o título referente ao Master Recherche en Gestion nesta universidade.)

OSTORN, P. The international mobility of French managers. *European Management Review*, v. 15, n. 5, p. 584-590, out. 1997.

PARSONS, T. *Sociologia política*. Rio de Janeiro: Zahar, 1970.

PAUTROT, J.; GIROUARD, Y. *Expatrié*: Reve et réalité. Rueil-Malmaison: Liaisons, 2004.

PENROSE, E. *The theory of the growth of the firm*. Oxford: Blackwell, 1959. (Para leitura dos clássicos que embasam a teoria dos recursos da firma.)

PERETTI, J. M. *Ressources humaines*. Paris: Vuibert. 1990.

PESQUEUX, Y. et al. *Mercure et Minerve*: Perspectives philosophiques sur l'entreprise, Paris: Ellipses, 1999.

PETTIGREW, A.; EOODMAN, R.; CAMERON, K. Studing organizational change and development: challenges for future research. *The Academy of Management Journal*, n. 44, p. 716-737, 4 ago. 2001.

POOLE, M. S.; VAN DE VEN, A. H. Using paradox to build management and organization theories. *Academy of Management Review*, n. 14, p. 562-578, 1989.

PORTER, M. *Estratégia competitiva*. Rio de Janeiro: Campus, 1991.

PRAHALAD, C. K.; HAMMEL, G. The core competence of the corporation. *Harvard Business Review*, maio/jun. 1990. (Para aprofundamento no conceito de competências essenciais).

RADENKOVIC, A. L'apprentissage de l'interculturel. *Les Cahiers*, n. 9, set. 1998.

RAMIREZ, R. et al. *Agents of change, crossing the post-cultural divide*. Oxford: Oxford University Press, 2003. (Para aprofundamento no conceito de agentes de mudança, citado no fim deste trabalho.)

RICHARDSON, D.; RULLO, V. Going global: are you ready for an overseas assignment? *Management Accounting*, jun. 1992.

REBEYROLLE, M.; RICHARDSON, D.; RULLO, V. Going global: are you ready for an overseas assignment? *Management Accounting*, jun. 1992. (Para aprofundamento no conceito de globalização.)

ROPO, A.; HUNT, J. G. Entrepreneurial processes as virtuous and vicious spirals in a changing opportunity structure: A paradoxical perspective. *Entrepreneuship Theory and Practice*, v. 19, n. 3, p. 91-111, 1995. (Para aprofundamento no tema mudança organizacional pela ótica dos paradoxos organizacionais.)

RUSHING, K.; KLEINER, B. H. New development in executive relocation practices. *Management Research News*, v. 26, n. 2-4, p. 12, 2003.

SAINSAULIEU, R. *L'identité au travail*. Paris: Presses de la Fondation Nationale de L'Institut d'Etudes Politiques, 1977.

_____. La régulation culturelle des ensembles organisées. *L'année sociologique*, p. 195-217, 1983. (Estudos fundamentais para o aprofundamento no tema identidade social no trabalho, perda da identidade social etc.)

SCHEIN, E.; DE VRIES, K. Crosstalk on organizational therapy. *The Academy of Management Executive*, v. 14, n. l, p. 31-51, fev. 2000.

SCHULER, R. *Personnel and human resource management*. St. Paul, p. 77-80, set. 1987.

SENGE, P. M. *A quinta disciplina*: arte e teoria e prática da organização em aprendizagem. São Paulo: Best Seller, 1990.

SERGEANT, A.; FRENKEL, S. Managing people in China: perceptions of expatriate managers. *Journal of World Business*, v. 33, n. 1, p. 17-34, primavera de 1998. (Para estudos sobre cultura nacional e expatriação.)

SHAY, J. P.; TRACEY, J. B. Expatriate managers: reasons for failure and implications for trainning. *Cornell Hotel and Restaurant Administration Quarterly*, v. 38, n. 1, p. 30-35, fev. 1997. (Texto que analisa a expatriação enquanto técnica, analisado na primeira corrente apresentada.)

SIMON, H. A behavioral model of rational choice. *Quartely Journal of Economies*, v. LXIX, p. 99-118, 1955. (Texto clássico para compreensão do fenômeno da racionalidade limitada.)

SMIRCICH, L. Concepts of culture and organizational analysis. *Administrative Science Quaterly*, n. 28, 1983a.

_____. Organizations as shared meanings. PONDY, L. (ed.). *Organizational symbolism*. Greenwich: JAL, 1983b.

_____. Studing organizations as cultures. In: MORGAN, G. (ed.). Beyond method: strategies for social research. Bervely Hills: Sage, 1983c. (Os textos anteriores tratam da metodologia para estudos de cultura organizacional.)

SMITH, K.; BERG, D. A paradoxical conception of group dynamics. *Human Relations*, v. 40, n. 10, p. 633-657, 1987.

SOLOMON, C. M. Repatriation panning checklist. *Personnel Journal*, p. 32, jan. 1995.

_____. Success abroad depends on more than job skills. *Personnel Journal*, p. 51-56, abr. 1994. (Esses dois textos da autora são pragmáticos, para uma primeira compreensão sobre o tema.)

SPENCER JR., L. M.; SPENCER, S. M. *Competence at Work*. Nova York: John Wiley & Sons, 1993.

STIGLITZ J. E. *A globalização e seus malefícios*. São Paulo: Futura, 2002. (Leitura crítica sobre globalização.)

STOREY, J.; SISSON, K. Looking the future. In: SOTREY, J. (ed.). *New perspectives in human resource management*. Londres: Routledge, 1989. p. 167-183.

SUUTARI, V. Global leader development: an emerging research agenda. *Career Development International*, v. 7, n. 4, 2002.

SWAAK, R. A. Today's expatriate family: dual careers and other obstacles. *Compensation & Benefits Review*, p. 21-26, jan./fev. 1995. (Texto de fácil leitura sobre a adaptação da família do expatriado no processo de expatriação.)

TALLMAN, S.; FALDMOE-LINDQUIST K. Internationalization, globalization and capability-based strategy. *California Management Review*, v. 45, n. 1, 2002.

TEECE, D. J.; PISANO, G.; SHUEN, A. *Dynamic capabilities and strategic management*. Oxford University Press, 2000. (Para aprofundamento sobre teoria das capacidades dinâmicas.)

THOMPSON, J. *Dinâmica organizacional*. São Paulo: McGraw-Hill do Brasil, 1995.

TISSIER, D. La constituition d'équipes internationales. *Les Cahiers*, n. 9, 1998.

TOFLER, A. *Future shock*. Londres: The Bodey Head Ltd., 1970. (Gestão de equipes diversas em perspectiva intnernacional.)

VASCONCELOS, F. C.; CYRINO, A. B. Vantagem competitiva: os modelos teóricos atuais e a convergência entre estratégia e teoria organizacional. *Revista de Administração de Empresas*, v. 40, n. 4, out./dez. 2000.

VASCONCELOS, F.; VASCONCELOS, I. Identidade e mudança: O passado como ativo estratégico. *Anais do I ENEO – Encontro de Estudos Organizacionais*, Curitiba, 16 e 17 de junho, 2000.

VASCONCELOS, I.; VASCONCELOS, F. Gestão de pessoas e identidade social: um estudo crítico. *Revista de Administração de Empresas*, EAESP/FGV, v. 1, jan./mar. 2001/2002.

VASCONCELOS, I.; VASCONCELOS, F. ISO9000. Consultants and paradoxes: A sociological analysis of quality assurance and human resource techniques. Campinas: Enanpad, 2001.

VASCONCELOS, I.; MASCARENHAS, A. Paradoxos organizacionais e tecnologia da informação: uma análise crítica da implantação de sistemas de auto-atendimento na área de gestão de pessoas da Souza Cruz Enanpad. Atibaia, *Anais...* 2003.

VASCONCELOS, I.; VASCONCELOS, F. Gestão de recursos humanos e identidade social: um estudo crítico. *RAE*, v. 42, n. 1, p. 64-78, jan./mar. 2002.

VELOSO, M.; MADEIRA, A. *Leituras brasileiras*: itinerários no pensamento social e na literatura. São Paulo: Paz e Terra, 1999. (Os textos anteriores são para aprofundamento no tema identidade social, mudança organizacional.)

VASCONCELOS, I. F. NUNES, L. H.; JAUSSAUD, J. Culture and power: A critical study of the success factors in the expatriation of French to Brazil and Brazilians to France. *Actes du Congrès Academy of Management*, Atlanta, 2006. (Estudo comparativo das correntes do poder e da cultura, chegando à conclusão de que as duas correntes não são mutuamente excludentes.)

VELOSO, M.; MADEIRA, A. *Leituras brasileiras*: itinerários no pensamento social e na literatura. São Paulo: Paz e Terra, 1999.

VINCE, R.; BROUSSINE, M. Paradox, defense and attachment: Accesing and working with emotions and relations underlying organization change. *Organizational Studies*, v. 17, p. 1-21, 1996.

WATZLAWICK, P.; WEAKLAND, J. H.; FISCH, R. *Changes*: principles of problem formation and problem resolution. Nova York: Norton, 1974.

WEICK, K. *Sensemaking in organizations*. Nova York: Sage. 1995. (Paradigma cognitivista.)

WEICK, K.; WESTLEY, F. Organizational learning affirming an oxymoron. In: CLEGG, S.; HARDY, C.; NORD, W. (eds.). *Handbook of organization studies*. Thousand Oaks, CA: Sage, 1996. p. 440-458.

WEISS, D. *La fonction ressources humaines*. Paris: Des Organisations, 1988.

WESTENHOLZ, A. Paradoxical thinking and change in frames of reference. *Organization Studes*, n. 14, p. 37-58, 1993. (Texto clássico sobre a temática paradoxos organizacionais.)

WOODMAN, R. et al. Special research forum: Change and development journeys into a pluralistic world. *Academy of Management Journal*, v. 44, n. 4, p. 697-714, ago. 2001. (Leitura importante para primeira visão da pesquisa sobre mudança e primeiro mapeamento de textos.)

ZARIFIAN, P. *Objetivo competência*: por uma nova lógica. São Paulo: Atlas, 2001.

Sites para pesquisa

Aconselhamos os seguintes sites para pesquisa:

Academy of Management, www.aom.pace.edu; importante congresso norte-americano que reúne pesquisa do mundo todo. Sobre este tema, expatriação, ver em especial as seguintes divisões ou grupos de interesse: Human Resource Management, Organizational Development, Critical Studies, Organizational Behavior

EGOS – European Group of Organizational Studies, www.egosnet.org, importante congresso que reúne pesquisa, sobretudo européia, com sites organizados por temas, e em alguns congressos, o tema carreiras ou expatriação aparece principalmente em uma perspectiva crítica.

ANPAD – Associação Nacional dos Programas de Pós-Graduação em Administração, www.anpad.org.br, ver principalmente as divisões Estudos Organizacionais; Gestão de Pessoas, Relações de Trabalho, Comportamento Organizacional. Artigos para download e pesquisa na ANPAD e nos seus congressos de área associados (ENEO, Encontro de Estudos Organizacionais, ENGPR, Encontro de Gestão de Pessoas e Relações de Trabalho, entre outros).

Revistas científicas para pesquisa e download gratuito de artigos: RAE – *Revista de Administração de Empresas* – www.rae.com.br, clicar em acervo, para download gratuito de artigos científicos. RAC – *Revista de Administração Contemporânea* da ANPAD (no site da ANPAD – www.anpad.org.br), artigos para download. BAR – *Brazilian Administrative Review*, artigos para download no site da ANPAD; revista *Organizações e Sociedade* (O&S) para download.

RGE-USP – *Revista de Gestão da USP* – http://www.ead.fea.usp.br/cad-pesq/

RAE – *Revista de Administração de Empresas* – FGV/EAESP-Eletrônica; entre outras.

Revista *Organizações e Sociedade*, UFBA – http://www.revistaoes.ufba.br

READ – *Revista Eletrônica de Administração*, Escola de Administração da UFRGS, Universidade Federal do Rio Grande do Sul – http://read.adm.ufrgs.b